ବିଷାଦଯୋଗ

ବିଷାଦଯୋଗ

ଫନୀ ମହାଂତି

ବ୍ଲାକ୍ ଇଗଲ୍ ବୁକ୍ସ
ଭୁବନେଶ୍ୱର, ଓଡ଼ିଶା
BLACK EAGLE BOOKS
Dublin, USA

ବିଷାଦଯୋଗ / ଫନୀ ମହାଂତି

ବ୍ଲାକ୍ ଈଗଲ୍ ବୁକ୍ସ : ଭୁବନେଶ୍ୱର, ଓଡ଼ିଶା ● ଡବ୍ଲିନ୍, ଯୁକ୍ତରାଷ୍ଟ୍ର ଆମେରିକା

BLACK EAGLE BOOKS

USA address:
7464 Wisdom Lane
Dublin, OH 43016

India address:
E/312, Trident Galaxy, Kalinga Nagar,
Bhubaneswar-751003, Odisha, India

E-mail: info@blackeaglebooks.org
Website: www.blackeaglebooks.org

First International Edition Published by
BLACK EAGLE BOOKS, 2025

BISADA JOGA
by Phani Mohanty

Copyright © **Phani Mohanty**

All rights reserved. No part of this publication may be reproduced, stored in a retrieval system, or transmitted, in any form or by any means, electronic, mechanical, photocopying, recording or otherwise without the prior permission of the publisher.

Cover & Interior Design: Ezy's Publication

ISBN- 978-1-64560-663-5 (Paperback)

Printed in the United States of America

ଅଗ୍ରଲେଖ

ବିଷୟାବାସରେ ଅବଶିଷ୍ଟ ଜୀବନକାଳ ଘାଂଟି ଚକଟି ହେବାହିଁ ବୋଧହୁଏ ମୋର ଅବଧାରିତ ଅନତିକ୍ରମ୍ୟ ନିୟତି। ଯେତେ ବାଡ଼େଇପିଟି ହେଲେ ବି ସକଳ ପ୍ରକାର ବନ୍ଧନରୁ ମୁକ୍ତ ରହି, ଈପ୍‌ସିତ ଲକ୍ଷ୍ୟ ପ୍ରାପ୍ତି ଦିଗରେ ନିଜକୁ ସଂପୂର୍ଣ୍ଣ ନିୟୋଜିତ କରି ସୃଷ୍ଟି ପ୍ରଭାରେ ଉତ୍ସର୍ଗୀକୃତ ଜୀବନ ବିତେଇବା ସମ୍ଭବପର ମନେହେଉନି। ଶୃଂଖଳ ରୂପକ ବଂଧନରୁ ମୁକ୍ତ ନହେଲା ଯାଏଁ ମୁକ୍ତି-ପାର୍ବଣର ଅୟମାରଂଭ ପର୍ବ ସୁଦୂର ପରାହତ। ଏହି ବନ୍ଧନ ହିଁ ଯାବତୀୟ ଦୁଃଖର କାରଣ, ତାହା ଐହିକ ବା ପାରତ୍ରିକ ଯା' କିଛି ହେଉ ପଛକେ। ବାହ୍ୟିକ ସର୍ତ୍ତଦ୍ୱାରା ଯେତେଦିନ ଯାଏଁ ମଣିଷ ବଂଧାପଡ଼ିଥିବ, ସଂପୂର୍ଣ୍ଣ ସ୍ୱାଧୀନ ଓ ସଂହତିପୂର୍ଣ୍ଣ ଜୀବନର ମୃଣ୍ମୟ ଚିତ୍ର ତୋଳିଧରିବା ତା ପକ୍ଷେ ଅସଂଭବ। ସୌନ୍ଦର୍ଯ୍ୟର ଉପାସକ ହେବା ମଧ୍ୟ ଏକ ଦୁଃସାଧ୍ୟ ବ୍ୟାପାର।

ସଚରାଚର ବିଶ୍ୱ ମଣିଷ ପାଇଁ ଏକ ଅବରୁଦ୍ଧ ବନ୍ଦିଶାଳା। ତା ଭିତରେ ନଜରବନ୍ଦୀଟିଏ ପରି ମଣିଷ ବଞ୍ଚି ରହିଛି। ବନ୍ଦୀଗୃହରୁ ଖସି ପଳାଇ ଯିବାପାଇଁ ଅହରହ ସଂଗ୍ରାମରତ ମଣିଷର ପରାଜୟ ହିଁ ସ୍ଥିରନିଶ୍ଚିତ ଜୟମାଲ୍ୟ। ଯଦିଓ ସେ ଭଲଭାବେ ଜାଣେ ଯେ ସୁଖ-ଦୁଃଖାଦି ତା ଆତ୍ମାର ଧର୍ମ ନୁହେଁ, ଅଂତଃକରଣର ଧର୍ମ; ତଥାପି ନିଜର ଆତ୍ମିକ ପରିଚୟ ସମ୍ପର୍କରେ ଅନଭିଜ୍ଞ ମଣିଷ ଆଜନ୍ମ ଧାରଣା କରି ଆସିଛି ଯେ, ସେ ହିଁ ସୁଖୀ, ସେ ହିଁ ଦୁଃଖୀ। ଭୋଗ ଓ ବୈରାଗ୍ୟର ମଧ୍ୟବିନ୍ଦୁରେ ତା'ର ଅସହାୟ ବିକଳ ସ୍ଥିତି, ଯାହା ଦୈବୀକୃତ। ପୂର୍ବଜନ୍ମାର୍ଜିତ କର୍ମଫଳରେ ହିଁ ତା'ର ଅଖଂଡ଼ ଅଧିକାର। ଅଥଚ ତା ନିଜର ଯେ ଜନ୍ମ ନାହିଁ କି, ମୃତ୍ୟୁ ନାହିଁ, ମୃତ୍ୟୁ

ପରବର୍ତ୍ତୀ ଅବସ୍ଥା ସମ୍ପର୍କରେ ତା'ର କୌଣସି ଧାରଣା ନାହିଁ, ଶରୀରର ବିନାଶ ପରେ ପୁନଃ ପୁନଃ ଜନ୍ମିବାର କୌଣସି ସମ୍ଭାବନା ନାହିଁ। ସୁଖ- ଦୁଃଖ, ଆନଂଦ- ବିଷାଦର କୌଣସି ଅବବୋଧ ନାହିଁ। ତଥାପି ବିମୂଢ଼ ମଣିଷଟି ପ୍ରତିଚ୍ଛବିକୁ ଛବି ମନେ କରି ଶୋକ ଓ ବିଷାଦରେ ଜର୍ଜରିତ ହୁଏ, ଆନଂଦ ଓ ଐଶ୍ୱର୍ଯ୍ୟରେ ଉଲ୍ଲସିତ ହୁଏ, ଶ୍ରବଣମଧୁର ବାକ୍ୟରେ ବିମୁଗ୍ଧ ହୁଏ, ଭୋଗ ଓ କାମନାରେ ଆସକ୍ତ ହୁଏ। ଏହି ଆସକ୍ତିରୁ ସଂପର୍କର ଜନ୍ମ। ସଂପର୍କଜନିତ ଆସକ୍ତି ଯେ ସକଳ ବନ୍ଧନର କାରଣ, ସେ କଥାକୁ ଭୁଲିଯାଇ କ୍ଷଣିକ ସୁଖଭୋଗ ଆଶାରେ ଚଳଚଂଚଳ ହୋଇଉଠେ ମଣିଷ। ସୁଖଭୋଗ ଶେଷରେ ପୁନରାବର୍ତ୍ତନ ଯେ ଅବଶ୍ୟମ୍ଭାବୀ, ଏହା ତା'ର ସ୍ମରଣକୁ ଆସେ ନାହିଁ। ଉଦ୍‌ବେଗଶୂନ୍ୟ, ସ୍ପୃହାଶୂନ୍ୟ, ମମତାଶୂନ୍ୟ ଓ ଉଦାସୀନ ଜୀବନର ବାହାରେ ହିତାହିତ ଜ୍ଞାନଶୂନ୍ୟ ଅସମର୍ଥ, ଅପ୍ରସପନ୍ନଚିତ୍ତ ମଣିଷଟି କେତେ ଦୁର୍ବଳ, କେତେ ଅସହାୟ !

ଦେହ ଭୂମିରେ ତଲ୍ଲୀନ ଥିବାଯାଏଁ 'ବ୍ରହ୍ମବିଦ୍ ବ୍ରହ୍ମବିଦ୍‌ବର, ବ୍ରହ୍ମବିଦ୍ ବରୀୟାନ୍, ବ୍ରହ୍ମବିଦ୍‌ବରିଷ୍ଠ'ର ପ୍ରକୃତ ଅର୍ଥ ବୁଝିବା ମଣିଷ ପକ୍ଷେ ଆୟାସସାଧ୍ୟ। ବିମୋହିତ ମଣିଷ ସବୁ ଯୁଗରେ, ସବୁ କାଳରେ, ସବୁ ଶତାବ୍ଦୀରେ ଇନ୍ଦ୍ରିୟାସକ୍ତ ହୋଇ ଦୁଃଖ ହିଁ ଦୁଃଖ ଭୋଗକରୁଥାଏ। ତା'ର ଇହକାଳ ଓ ପରକାଳ ବିନଷ୍ଟ ହୋଇଯାଏ। ସହସ୍ର ସହସ୍ର ବର୍ଷ ଯାଏଁ ଶାପଗ୍ରସ୍ତ ଅବସ୍ଥାରେ ମଣିଷ ଥିବାରୁ ତା'ର ଭୋଗ ବିଳାସର ଅଂତ ହେଇ ନ ଥାଏ। ବିବେକ-ବୈରାଗ୍ୟ ଶବ୍ଦଟି ତା ପକ୍ଷେ ନିରର୍ଥକ ହୋଇ ରହିଯାଏ।

ମାୟା ବନ୍ଧନରୁ ଲୁଚିଛପି ଖସି ପଳାଇ ଯିବାପାଇଁ ଆମେ ଆମ ଅଜ୍ଞାତସାରରେ ସତତ ଚେଷ୍ଟା କରୁଥାଉ। କିନ୍ତୁ ଏ ଚେଷ୍ଟା ଯେ ନିଷ୍ଫଳ ଓ ଅର୍ଥହୀନ, ସେକଥା ବୁଝିବାକୁ ଅବକାଶ ନଥାଏ। ସଂଗ୍ରାମୀ ଜୀବନ ବଂଚୁଥିବା ମଣିଷ ପ୍ରତ୍ୟେକ ଗୋଟିଏ ଗୋଟିଏ ଭାରବାହୀ ପଶୁ। ଆମ ସାମନାରେ ବିସ୍ତାରିତ ହୋଇ ପଡ଼ିଥିବା ଜରାଜୀର୍ଣ୍ଣ ଆଦିମ ବିଶ୍ୱ ଓ ସେ ବିଶ୍ୱର ପ୍ରତିଟି ଅଣୁ ପରମାଣୁରେ କୃତ୍ରିମ ଓ ମନଗଢ଼ା କାହାଣୀ କେତେ ଯେ ଭରପୂର ହୋଇଛି, ସେତିକି ବୁଝିବାକୁ ଆମ ପାଖେ ସମୟ ନଥାଏ। ଏହି ଜଗତର କିଟିମିଟିଆ କାନ୍‌ଭାସ୍ ଉପରେ ଝିଟିପିଟି ପରି ଖାଲି ଘୁଷୁରି ଘୁଷୁରି ଚାଲିବା ହିଁ ଆମର ଅଂଧ ନିୟତି। କେଉଁ ଅନଂତ ଯୁଗରୁ ଆମ ହତାମୁଠାରେ ଆକସ୍ମିକ ଭାବେ ଧରାପଡ଼ିଥିବା ଧରାବନ୍ଧା, ମପାଚୁପା ଜୀବନ ଯେ ଏକ ଛଳନାପୂର୍ଣ୍ଣ, ବିଷାଦଗ୍ରସ୍ତ, ହାହାକାରମୟ ଜୀବନ, ସେତିକି ବୁଝିବାକୁ ଆମେ ଅପାରଗ। ଆମର ଅଜ୍ଞତା, ଅପାରଗତା ଓ ଅସଫଳତା ପାଇଁ ଶୋକଜର୍ଜର ଅବସ୍ଥାରେ ହତଭଂବ ହୋଇ କେଉଁ

ଅପରିକଳ୍ପିତ ଦୁର୍ଦ୍ଦାଂତ ଶକ୍ତିର ମର୍ଜି ଉପରେ ନିର୍ଭର କରିବାକୁ ଆମେ ବାଧ୍ୟ। ଏଇ ବାଧ୍ୟବାଧକତାର ନିର୍ମମ ଅନୁଶାସନ ଆମର ପ୍ରଚଂଡ଼ ସ୍ୱାଭିମାନ ଓ ଗଭୀର ଆତ୍ମବିଶ୍ୱାସ ଉପରେ ଅକଥନୀୟ ଅତ୍ୟାଚାର ଆରମ୍ଭ କରିଦିଏ। ଅର୍ଥହୀନ ଅସୀମ ନୀଳାକାଶ ତଳେ ଅଶାଂତ ନିଃଶବ୍ଦ ମପାଚୁପା ଜୀବନ ନାଟକର ଅୟମାରଂଭ ପର୍ବରେ ଆମେ ସବୁ ଜଣେ ଜଣେ ମୁଖାପିନ୍ଧା, ଯାନ୍ତ୍ରିକ, ଅସଫଳ ନାୟକ। ଆମ ଦୁଃଖ, କୁରୁକ୍ଷେତ୍ରର ସେହି କିଂକର୍ତ୍ତବ୍ୟହୀନ ବିମୂଢ଼ ମନ୍ତ୍ରମୁଗ୍ଧ ନିଃସଂଗ ଭାରାକ୍ରାନ୍ତ ଅର୍ଜୁନର ଦୁଃଖ।

ଅର୍ଜୁନର ନିଃସଂଗତା, ଶୂନ୍ୟତା ସର୍ବାଂତଃକରଣରେ ଅର୍ଜୁନର ନୁହେଁ। ବିଷାଦଯୋଗର ଅର୍ଜୁନ ନିଃସହାୟ, ନିରୁପାୟ ନୁହେଁ। ଅର୍ଜୁନର ବିଷାଦ ସାମୟିକ, ଚିରଂତନ ନୁହେଁ। ବିଷାଦର ଘନଘଟା ସଂପର୍କରେ ଅର୍ଜୁନ ସଂପୂର୍ଣ୍ଣ ଅନଭିଜ୍ଞ। ଅର୍ଜୁନର ସଂକଟ କେବଳ ଅର୍ଜୁନ ନାମଧାରୀ ମଣିଷର ନୁହେଁ, ତାହା କୃଷ୍ଣଙ୍କର ମଧ୍ୟ। କୃଷ୍ଣ ହିଁ ଅର୍ଜୁନର ସାଥୀ, ଅଂତରଂଗ, ବିଶ୍ୱସ୍ତ ସାରଥି, ସୁଖଦୁଃଖର ପରମ ସୁହୃଦ୍। ବରାଭୟ ମୁଦ୍ରାର ଅଞ୍ଚଳରେ ଚିରକାଳ ବନ୍ଧା ଅର୍ଜୁନ। ସେ କୃଷ୍ଣଙ୍କର ସାର୍ଥକ ଅଂଶବିଶେଷ। ତା'ର ଆତ୍ମା, ଶରୀର, ନିଃଶ୍ୱାସ ଓ ପ୍ରଶ୍ୱାସରେ କୃଷ୍ଣ ହିଁ କୃଷ୍ଣ। କୃଷ୍ଣ ଭାବରେ ପ୍ରମତ୍ତ ଅର୍ଜୁନର ପୁଣି ଦୁଃଖ କ'ଣ ? ବିଷାଦ କ'ଣ ? ସଂକଟ କ'ଣ ? ଅର୍ଜୁନ ପ୍ରତି ଗୋଟାଏ ଯୁଗର ନିଃସର୍ତ୍ତ ଆଶୀର୍ବାଦ ଥିଲା। ଗୋଟିଏ ଯୁଗାବ୍ଧି ପୁରୁଷର ଅଭୟ ଆଶ୍ୱାସନା ଥିଲା। ଭାଗବତ ସ୍ପର୍ଶର ପ୍ରମତ୍ତ ଆବରଣରେ ଅର୍ଜୁନର ମରଜୀବନ ଧନ୍ୟ ହୋଇ ଯାଇଥିଲା।

ସେଇଥିପାଇଁ ଅର୍ଜୁନର ଯାବତୀୟ ସଂକଟ ଓ ସାଂସାରିକ ଦୁଃସ୍ଥିତି ସମୟରେ ସଂକଟମୋଚନକାରୀ କୃଷ୍ଣ ହିଁ ଛାଇପରି ତା' ପାଖେ ପାଖେ ଥିଲେ। ସବୁ ସଂକଟ ଓ ସମସ୍ୟାର ମର୍ଯ୍ୟାଦାବଂତ, ସହଜ ସରଳ ସମାଧାନ ଓ ସମ୍ଭାବ୍ୟ ଦୁଃଖ ଓ ବିଷାଦର ଉପଶମ ସ୍ୱତଃ ହୋଇପାରୁଥିଲା। ଅର୍ଜୁନର ମୋହଭଂଗ, ଦୁଃଖ ନିବୃତ୍ତି, ବିଷାଦମୋଚନ ପାଇଁ କୃଷ୍ଣ ହିଁ ଧନ୍ୟବାଦାର୍ହ। ଏଥିରେ ଅର୍ଜୁନର କୌଣସି କୃତିତ୍ୱ ନାହିଁ। ବିଷାଦ ଅପନୋଦନର ମାଧ୍ୟମ ଥିଲେ କୃଷ୍ଣ। ଯୁଦ୍ଧ ଭୂମିରେ କୃଷ୍ଣ ଅନୁପସ୍ଥିତ ଥିଲେ ଅର୍ଜୁନ ଜଣେ ସାଧାରଣ ମଣିଷ ପରି ନିଜ ଭାଗ୍ୟ ନିଜେ ଆଦରି ରହିଥାନ୍ତା ଏବଂ ଇତିହାସ ଭିନ୍ନ ମୋଡ଼ ନେବାକୁ ବାଧ୍ୟ ହୋଇଥାନ୍ତା। ଏତେବଡ଼ ଗୌରବର ଅଧିକାରୀ ଅର୍ଜୁନ ହୋଇ ନଥାନ୍ତା। କୃଷ୍ଣଙ୍କ ଆଦେଶ, ଉପଦେଶ ଓ ଅନୁଶାସନ ପାଖେ ଅର୍ଜୁନ ସାମାନ୍ୟ ଗୋଟିଏ କ୍ରୀଡ଼ନକ ସଦୃଶ ଥିଲା। ଚାବିଦିଆ କଣ୍ଢେଇ ପରି ତାଙ୍କରି ହାତରେ ସାରା ଜୀବନ ନିୟଂତ୍ରିତ ହେଉଥିଲା। ମହାଭାରତର ଅର୍ଜୁନ ଏହିସବୁ କାରଣରୁ ଅନନ୍ୟ, ଏକକ। ସେଥିପାଇଁ ଦମ୍ଭର ସହିତ ସେ କହିପାରୁଥିଲା–

"କାଳେ କାଳେ ମୁଁ ଲୀନ
ତୋର ଲୋମ ମୂଳେ।"

କିଂତୁ ଆମ ସମୟର ମଣିଷ ଶତାବ୍ଦୀର ଶେଷ ଅଙ୍କରେ ଏବଂ ଅନ୍ୟ ଏକ ନୂତନ ଅଜ୍ଞାତ ଶତାବ୍ଦୀର ଅୟମାରମ୍ଭ ପୂର୍ବରୁ ଯେଉଁ ନୈତିକ ଦ୍ୱନ୍ଦ୍ୱର ସମ୍ମୁଖୀନ ହୋଇ ସଂକଟାପନ୍ନ ଅବସ୍ଥାରେ କାଳାତିପାତ କରୁଛି, ତା'ର ସମାଧାନର ପଥ ତାକୁ ଜଣାନାହିଁ। ଘଡ଼ିସନ୍ଧି ମୁହୂର୍ତ୍ତର ଭୟାବହତାରୁ ବର୍ତ୍ତିଯିବା ପାଇଁ କୃଷ୍ଣଙ୍କ ପରି ଜଣେ ବି କେହି ନିଃସ୍ୱାର୍ଥପର ଅନ୍ତରଙ୍ଗ ସହୋଦର ନାହାନ୍ତି। ତା ଭିତରେ, ବାହାରେ ଶୂନ୍ୟତାର ଅବାରିତ ଅଶାନ୍ତ ବାରିପାତ। ପୋକଖିଆ ଜରାଜୀର୍ଣ୍ଣ ବାଡ଼ି ଖଣ୍ଡେ ପରି ତା'ର ବିକ୍ଷୁବ୍ଧ ହଂତସଂତ ମରଜୀବନ। ସେହି ବିରକ୍ତିକର ଜୀବନ ବୃତ୍ତରେ ମଣିଷ ବଞ୍ଚିବାକୁ ବାଧ୍ୟ, ଯାହାର କୌଣସି ନିର୍ଦ୍ଦିଷ୍ଟ ବ୍ୟାସାର୍ଦ୍ଧ ନାହିଁ। କାର୍ଡ଼ବୋର୍ଡ଼ର ବିବର୍ଣ୍ଣ ଛବିପରି ମଣିଷର ବିକଳ ସ୍ଥିତି। ଅଥଚ, ଅର୍ଥପୂର୍ଣ୍ଣ ଜୀବନଟିଏ ବଂଚିବାକୁ କେତେ ବ୍ୟର୍ଥ ପ୍ରୟାସ ଓ ଉଦଗ୍ର କାମନା ଆମର !

କାଳର ବିଶାଳ ବିପୁଳ କଳେବର ପାଖେ ଆମ ସମୟର ସବୁ ମଣିଷଙ୍କ ପରି ମୁଁ କେଡ଼େ ଅପାଙ୍‌କ୍ତେୟ ! ମୋ ଭାଗ୍ୟ ମୋ ଉପରେ ବହୁ ଗୋପନୀୟ ଯଂତ୍ରଣାର ଅକଥନୀୟ ଅତ୍ୟାଚାର ଲଦି ଦେଇ ବସିଛି ନିର୍ବିବାଦରେ। ପରାଭବର ବିପର୍ଯ୍ୟୟରେ ମୁଁ ରକ୍ତାକ୍ତ, କ୍ଷତବିକ୍ଷତ। ଭାଗ୍ୟ ଓ ମଣିଷର ମିଳିତ ଅବିଚାରରେ ମୁଁ କ୍ଳାଂତ, ଶ୍ରାଂତ। ନିଜ ଉପରେ ଆଉ ଆଗଭଳି ଆସ୍ଥା ରହୁନି। ଅବାଧ୍ୟ, ଅସଂଯତ, ଚଳଚଂଚଳ, ନିରଳସ ମନ ଉପରେ ନିଜର କର୍ତ୍ତୃତ୍ୱ ରହୁନି। ଅଂତର୍ନିହିତ ଅସହାୟତାରେ ଅସ୍ଥିର ମୁଁ। ଆକାଶପରି ନିରନ୍ତର ସଙ୍ଗରହିତ। ଶୋକ ଓ ହାହାକାରମୟ ଜୀବନରେ ସ୍ୱଜନ ବୋଲି କେହି ଜଣେ ହେଲେବି ନାହାନ୍ତି। ତିରସ୍କାର, ଉପେକ୍ଷା, ଘୃଣା, ବିଦ୍ୱେଷ ଓ ଅପଯଶ ହିଁ ମୋର ଭାଗ୍ୟଲିପି। ଦ୍ୱନ୍ଦ୍ୱାତ୍ମକ ସ୍ଥିତି ବେଳୁବେଳ ଘନୀଭୂତ। ଆଦର୍ଶ ଓ ମର୍ଯ୍ୟାଦାବୋଧ ଅବଲୁପ୍ତ। ଭାଙ୍ଗିପଡୁଥିବା ଶୈଳଶୃଂଗ ପରି ଅପ୍ରତ୍ୟାଶିତ, ରହସ୍ୟାବୃତ୍ତ ଘଟଣାବଳିର ହତପ୍ରଭ ନାୟକ ମୁଁ। ମୁଁ ବଞ୍ଚୁଥିବା ଶୋକ ଓ ବିଷାଦର ଜୀବନ ଆଉ ଯେପରି କେହି ନ ବଞ୍ଚନ୍ତୁ, ସେତିକି ମୋର ପ୍ରାର୍ଥନା।

ମୁଁ କାହାପାଖେ ଅନୁଗୃହୀତ ନୁହେଁ - ନା ଭାଗ୍ୟ, ନା ଈଶ୍ୱର। ମୋର ଜିଦିଖୋର ଏକବାଗିଆ ମନ କୌଣସି ବାହ୍ୟ ସର୍ତ୍ତଦ୍ୱାରା ନିୟନ୍ତ୍ରିତ ନୁହେଁ। ଜୀବନକୁ ଅର୍ଥପୂର୍ଣ୍ଣ କରିବା ପାଇଁ ଯେମିତି ଗୋଟିଏ ମନଲୋଡ଼ା, ସେ ମନ ଆଉ ମୋର ନାହିଁ। ପ୍ରତି ନିୟତ ଅବବୋଧ ହେଉଛି, ଯେମିତି ଏକ ବିରାଟ ଝଡ଼ର ମୁହାଁମୁହିଁ ହେବାକୁ ମୁଁ ଯାଉଛି, ଯେଉଁଥିରେ ମୋ କୁଟାକାଠିର ସଂସାର ଭାଙ୍ଗିରୁଜି ନିଶ୍ଚିହ୍ନ

ହୋଇଯିବ, ମୋ ନିଜର ସତ୍ତା ରହିବନି। ପରିବେଶ ସହିତ ଖାପ ଖୁଆଇ ବଂଚିବା ଶିଖିଥିଲେ ଅଥଳ ଜଳରେ ବୁଡ଼ିଯାଉଥିବା ଡଙ୍ଗାପରି ମୁଁ ଆଉ ଏତେ କଲବଲ ହେଉ ନଥାନ୍ତି। ସକଳ ଦୁରବସ୍ଥା ଭିତରେ, ନିଶ୍ଚଳ ଚିତ୍ତରେ ପାଇବାର କୌଣସି ଆଶା ନରଖି ଧାଇଁବା ମଣିଷ ମୁଁ। ସନ୍ନ୍ୟାସଠାରୁ ସଂସାରୀ ଜୀବନ ମୋର ଚିରଈପ୍ସିତ। ସେଇ ଅଭିଶାପଗ୍ରସ୍ତ ଅମଙ୍ଗଳସୂଚକ ଜୀବନର ସ୍ୱପ୍ନରେ ମୁଁ ମଦମତ୍ତ। ମୁଁ ମୋ ଜୀବନର ନିଃଶବ୍ଦ ପ୍ରତିଧ୍ୱନି ଓ ନିରବ କୋଳାହଳ। ମୁଁ ପୁଣି ନିଜେ ଅଖଣ୍ଡ ଅଟଳ, ନିରବତାରେ ନିରବ ନିଶ୍ଚଳ।

ଜୀବନ କେବଳ ଲୋଭନୀୟ ମାଂସପେଶୀ ନୁହେଁ। ଅସ୍ଥିମଜ୍ଜା ବି ଜୀବନର ମହତ୍ତ୍ୱପୂର୍ଣ୍ଣ ଅଂଶବିଶେଷ। ମୋ ଶରୀରର ପ୍ରତିଟି ଅଙ୍ଗ ଦିନେ କାହାରି କାମରେ ଲାଗିବ, ଯଦିଓ ରକ୍ତ ମାଂସ ପଚିସଢ଼ି ମାଟିରେ ମିଶିବା ଅନିବାର୍ଯ୍ୟ। ଧରାଧାମରୁ ପୂତିଗନ୍ଧମୟ ଶରୀର ଦିନେ ନା ଦିନେ ବିଲୁପ୍ତ ହୋଇ ଯିବ। ମୃତ୍ୟୁ ଧ୍ରୁବନିଶ୍ଚିତ ଜାଣି ବି ସୃଷ୍ଟିକ୍ରିୟାରେ ପ୍ରମତ୍ତ ରହିବାକୁ କାହିଁକି ଏ ମୋହଗ୍ରସ୍ତ ମନ ମୋର ତହଳବିକଳ, ମୁଁ ବୁଝି ପାରୁନି। ଅବଶ୍ୟ, ଭଲ ମଣିଷଟି, ନିଃସ୍ୱାର୍ଥପର ସଚ୍ଚୋଟ ମଣିଷଟି ତା'ର ମହତ୍ତ୍ୱ ସମ୍ପର୍କରେ ସଚେତନ ଥାଇ ବି କେଉଁ ବାଂଛିତ ଲକ୍ଷ୍ୟ ପ୍ରାପ୍ତିର ଆଶାରେ ଅହର୍ନିଶ ସଂଗ୍ରାମ କରୁଥାଏ, ମର୍ଯ୍ୟାଦାପୂର୍ଣ୍ଣ ଜୀବନ ବଂଚିବା ପାଇଁ ମନରେ ଆଶା ବାନ୍ଧିଥାଏ। ଅଥଚ, ଏଣେ କେଉଁ ଅଜ୍ଞାତ, ଅପରିଚିତ ଅଦୃଶ୍ୟର ହାତରେ କ୍ଷୀଣ ଆଲୋକବର୍ତ୍ତିକାଟିଏ ପରି ମିଂଜିମିଂଜି ହୋଇ ଜଳୁଥାଏ ସାରା ଜୀବନକାଳ, ସାରା ମରଣକାଳ।

ମୁଁ ଜାଣେ, ମୋର ପାରିବାପଣ କେତେ ସୀମିତି ଓ ସଙ୍କୁଚିତ। ଶୋକ ଓ ହାହାକାରମୟ ଜୀବନରେ ସ୍ୱଜନ ବୋଲି କେହି ନାହାନ୍ତି କି ନଥିବେ। ମଧ୍ୟ ବୟସରେ ଯେଉଁମାନଙ୍କୁ ନିଃସ୍ୱାର୍ଥପର ଭାବେ ନିଜର ଆତ୍ମୀୟ ସ୍ୱଜନ ରୂପେ ଗ୍ରହଣ କରିଥିଲି, ସେମାନେ ପର୍ଯ୍ୟାୟକ୍ରମେ ଗୋଟି ଗୋଟି କରି ମନର ମାନଚିତ୍ରରୁ ନିଶ୍ଚିହ୍ନ ହୋଇ ଗଲେଣି। ଦୁର୍ଭାଗ୍ୟକୁ, କେତେକ ପ୍ରିୟତମ ଶତ୍ରୁ ପାଲଟିଲେଣି। ମୋର ପରାଜୟରେ ସେମାନେ ବିଜୟର ଶଙ୍ଖ ଧ୍ୱନି ଆରମ୍ଭ କରିଦେଲେଣି। ମରଣଠାରୁ ଅଧିକ ଯନ୍ତ୍ରଣାଦାୟକ ଏହି ସ୍ୱଜନଙ୍କ ଚରମ ବିଶ୍ୱାସଘାତକତା। ଗୋଟିଏ ବିଷାଦଦଗ୍ଧ ମହମବତିର କରୁଣ ଦୀର୍ଘଶ୍ୱାସ ପରି ନିଃସଂଗ ନିରର୍ଥକ ଜୀବନ।

ବିଫଳତାର ଆଶଙ୍କା ଓ ଆକ୍ରମଣକୁ ବେଖାତିର କରି ଅଶ୍ରୁର ଗଙ୍ଗାରେ ଅବଗାହନ କରୁଛି ଓ ଶୋକ ପାଳନ କରୁଛି ନିଷ୍ଠାର ସହ ପ୍ରାୟଶ୍ଚିତ୍ତ କରିବାକୁ ନିଜକୁ। ସ୍ନେହରେ ବଢ଼ାଇଥିବା ହାତ ଦୁଇଟିକୁ ମୋର ସ୍ୱାର୍ଥ ଓ ଅସୂୟାର କୃପାଣରେ କାଟିପକାଇଲେ ଯେଉଁମାନେ ଚିରନ୍ତୃତ୍ୟାୟିତ କାଳର କପାଳରେ ସେମାନଙ୍କ ହସ୍ତାକ୍ଷର

ସବୁଦିନ ପାଇଁ ସ୍ୱର୍ଣ୍ଣାକ୍ଷରରେ ଲିପିବଦ୍ଧ ହୋଇ ରହିଥିବ। ନୈତିକ ଅଧଃପତନର ଶୋଚନୀୟ ପରିଣତି ପାଇଁ ସେହି ଛଳନାମୟୀ ମଣିଷ ମାନଙ୍କୁ ଈଶ୍ୱର କେବେ କ୍ଷମା ଦେବେ ନାହିଁ।

ଆଜି ମନକୁ ମୋର ଏମିତି ଏକ ଅଜବ ପ୍ରଶ୍ନ ବାରମ୍ବାର ଆସୁଛି ଯାହାର କୌଣସି ସନ୍ତୋଷଜନକ ଉତ୍ତର ନାହିଁ ମୋ ପାଖରେ। ସାରା ଜୀବନ ଦହଗଞ୍ଜ ହୋଇ ପାଇଲି କ'ଣ ? ନିନ୍ଦା, ଅପଯଶ, କୁତ୍ସା, ଘୃଣା, ବିଦ୍ୱେଷ ହିଁ କ'ଣ ଗୋଟିଏ ପରିପୂର୍ଣ୍ଣ, ଉତ୍ସର୍ଗୀକୃତ ଜୀବନର ଯଥାର୍ଥ ପରିଭାଷା ? ମରଣ ମତେ ଓ ମୋର ପ୍ରିୟତମ ଶତ୍ରୁମାନଙ୍କୁ କେଉଁ ପ୍ରାଚୀନ କାଳକୁ ଗୋଡ଼େ ଗୋଡ଼େ ଜଗି ବସିଛି। ଅଥଚ, ଶାନ୍ତ ସରଳ ନିରଳସ ନିଷ୍ପାପ ଜୀବନଟିଏ ବଂଚିବା ପାଇଁ କେତେ ଉଦଗ୍ର କାମନା ଭରିରହିଛି ମନରେ !

ସୃଷ୍ଟିର ଅନଂତ ଆୟତନ ପାଖେ ଆମେ କେତେ କ୍ଷୁଦ୍ରାଦପି କ୍ଷୁଦ୍ରତର ! ମୋ ଜୀବନର ଭଲମନ୍ଦ ସହିତ ଯେଉଁମାନଙ୍କର ସଂପର୍କ ନାହିଁ, ମୋ ମରଣ ସହିତ ସେମାନଙ୍କର କି ସମ୍ପର୍କ ? ମୃତ୍ୟୁକୁ ଭୟକରି ମୃତ୍ୟୁର ଅଯଥା ଅପମାନ କରିବା ମଣିଷ ମୁଁ ନୁହେଁ। ଧଳା ବଉଦ ଭିତରେ ଲୁଚିଛପି ଆତ୍ମଗୋପନ କରିଛି ମରଣ। କେଉଁ ଶବ୍ଦରେ, କେଉଁ ଭାଷାରେ ବା ବର୍ଣ୍ଣନା କରିହେବ ମରଣର ସେହି ଚିତ୍ରାର୍ପିତ ଦୃଶ୍ୟକୁ ? ଅଶୁଭ ପବନର ଆର୍ତ୍ତନାଦ ମୋର ପ୍ରତି ନିଃଶ୍ୱାସରେ ଅହରହ ଶୁଭୁଛି। ଗୃହଶତ୍ରୁଙ୍କ ଅକଥନୀୟ ଅତ୍ୟାଚାରରେ ଧୂଳିଧୂସରିତ ଏଇ ଗେରୁଆ ରଙ୍ଗର ଆକାଶ ତଳେ ଶବ ପରି ଉଦାସ ଦିଶୁଛି ମଣିଷର ମୁହଁ। ଅଶୁଭ ଶକୁନର ଆର୍ତ୍ତନାଦରେ ଆକାଶ ମହାକାଶ ନିନାଦିତ। ନୀତି ନିୟମ ନାହିଁ, ସାମାଜିକ ପ୍ରତିବଦ୍ଧତା ନାହିଁ, ଜନ୍ମଗତ ଅଧିକାର ସାବ୍ୟସ୍ତ କରିବାର ପ୍ରଶ୍ନ ଉଠୁନାହିଁ।

କ୍ଷଣକର ଅତିଥି ମୁଁ - ଋଣଭାରରେ ଅତିଷ୍ଠ ହୋଇ ଗଲିଣି। କେବେ ଏ ଅଭିସଂପାତରୁ ମୁକ୍ତି ମିଳିବ, କିଏ ଜାଣେ ? ନୂଆ ଜୀବନଟିଏ ବଂଚିବା ପାଇଁ କେତେ ଯତ୍ନ ଏଠି ଚାଲିଛି। ଜୀବନକୁ ଭଲ ପାଉଥିବାରୁ ଜୀବନ ପ୍ରତି ଏତେ ବେଶୀ ଦୁର୍ବଳତା ଭରି ରହିଛି ହୃଦୟରେ। ନିଃସଂଗତାରୁ ନିଃସଂଗତାକୁ ମୋର ଅବିରାମ ଯାତ୍ରା। ସବୁ ଅନ୍ୟାୟ, ଅତ୍ୟାଚାର ଓ ଅଣହେଳାକୁ ବରଦାସ୍ତ କରି ମଲା ମୂଷାଟି ପରି ପଡ଼ି ରହିଛି ବିକ୍ଷୁବ୍ଧ ପୃଥିବୀର କେଉଁ ଅଂଧାରୀ ଅସନା କୋଣରେ।

ମୋର ଥିବା ନଥିବାରେ ସମୟର କିଛି ଯାଏ ଆସେନାହିଁ। ପବନରେ ଥରଥର ଥରୁଥିବା ପତ୍ରପରି ମୋର ଅବାଧ୍ୟ ଅବୁଝା ମନ। ଅନ୍ତର୍ନିହିତ ଅସହାୟତାରେ ଅସ୍ଥିର ମୁଁ। ଅବ୍ୟକ୍ତ ଭୟର ଛାଇ ମତେ ରାହୁପରି ଗ୍ରାସକରି ଚାଲିଛି ପ୍ରତିକ୍ଷଣରେ। ଉଜୁଡ଼ା

କ୍ଷେତର ମାଲିକ ପରି ଅପେକ୍ଷା କରି ବସି ରହିଛି - କେହି ଜଣେ ସହୃଦୟ ମଣିଷ ଅଚାନକ ଆସି ସ୍ନେହ ଓ ମମତାରେ ମୋ ତାଳୁରୁ ତଳିପା ଯାଏଁ ଆଉଁସି ଦେବ, ଘଡ଼ିଏ ମତେ ଚାହିଁବ, ଟିକେ ଗେଲ କରିବ ପ୍ରେମରେ। -

ଶୁଣିଛି, 'ଆରୋଗ୍ୟମାଳା' ପାଖରେ ଥିଲେ କୋଉଠି ବିଷାଦ ଆସେ ନାହିଁ! ଉତ୍ତମ ମଣିଷକୁ ବିଷାଦ ଗ୍ରାସ କରେ ନାହିଁ। ମୁଁ ନା ଜଣେ ଭଲ ମଣିଷ, ନା, ମୋ ପାଖେ ଆରୋଗ୍ୟମାଳା ଅଛି! ଅତଏବ, ବିଷାଦ ସବୁଦିନ ମୋ ପାଖେ ଛାଇପରି ଲାଗି ରହିଥିବ। ବିଷାଦର ସର୍ବଗ୍ରାସୀ ଜାଂତବ କବଳରୁ ମୋର ରକ୍ଷା ନାହିଁ। ଶେଷ ନିଃଶ୍ୱାସ ଛାଡ଼ିଲା ଯାଏଁ ପରମ ବଂଧୁପରି ସେ ତା'ର କର୍ତ୍ତବ୍ୟ ପାଳନ କରୁଥିବ। ତାରି କୋଳରେ ମୁଂଡ଼ ରଖି ହସି ହସି ଏଇ ପୃଥିବୀରୁ ମୁଁ ବିଦାୟନେବି। ଆଗାମୀ ଶତାବ୍ଦୀ ବିଚାର କରିବ, ମୋ ପ୍ରତିଶ୍ରୁତି ମୁଁ ରଖି ପାରିଛି କି ନାହିଁ। ଏ ଜୀବଦ୍ଦଶାରେ ନହେଲା ନାହିଁ, ଦିନେ ନା ଦିନେ ନୈତିକ ସ୍ୱାସ୍ଥ୍ୟସଂପନ୍ନ କେହି ଜଣେ ଶକ୍ତିମାନ୍ ମଣିଷ ଏ ଧରାପୃଷ୍ଠରେ ଜନ୍ମ ନେବ, ଇତିହାସର ଅଂତ ଫାଡ଼ି ଇତିହାସର ପ୍ରଚଳିତ ଧାରାକୁ ବଦଳାଇ ଦେଇ ନିଜେ ସାକ୍ଷାତ୍ ଇତିହାସପୁରୁଷ ପାଲଟିବ। ବିରୋଧାଭାସ ସତ୍ତ୍ୱେ ଜୀବନର ଯଥାର୍ଥ ଅର୍ଥ ସେ ବୁଝିବ।

ଆଖି ବଂଦ କରିବା ପୂର୍ବରୁ, ଶରୀର ଶବ ପାଲଟିବା ପୂର୍ବରୁ, ଛୋଟ ଅନୁରୋଧଟିଏ ବିନମ୍ରତାର ସହ କରିବି ମୋର ସ୍ନେହାସ୍ପଦ, ମୁଗ୍ଧ, ଜଣା ଅଜଣା ପାଠକ ପାଠିକାଙ୍କୁ, ସ୍ୱାର୍ଥାନ୍ୱେଷୀ ଅପତ୍ୟବର୍ଗଙ୍କୁ, ଈର୍ଷାନ୍ୱିତ ବଂଧୁବାନ୍ଧବଙ୍କୁ-

"ମୃତ୍ୟୁ ପରେ ମତେ କେହି ଦୟା କରିବ
ନାହିଁ ଅନୁଗ୍ରହ କରି। ଶୋକସଂତପ୍ତ
ପରିବାରକୁ ମୋର ସଂବେଦନଶୀଳ
ଶୋକ ଓ ସାଂତ୍ୱନାର ବାର୍ତ୍ତା ପଠାଇବନି,
ସମ୍ବାଦପତ୍ରରେ ଅକ୍ଷରଟିଏ ଛପାଇବନି,
ସ୍ମୃତି ସଭାର ଆୟୋଜନ କରିବ ନାହିଁ,
ମୋ ଶ୍ରାଦ୍ଧବାର୍ଷିକୀ କି ଜୟନ୍ତୀ ପାଳିବ
ନାହିଁ, ମୋର ଅପ୍ରକାଶିତ ପାଂଡୁଲିପି ସବୁକୁ ମୋ
ଚିତା ଭସ୍ମରେ ବିସର୍ଜନ ଦେବ, କାହା
ପାଖେ ଭୁଲରେ ହେଲେ ବି କହିବ ନାହିଁ
ବିଷାଦଯୋଗର ଜଣେ କବି ଭଳି କବିଟିଏ ଥିଲା।"

ମୋର ଏଇ ଅଂତିମ ଅନୁରୋଧଟି ରଖିପାରିଲେ ଆତ୍ମା ମୋର ପରମ ଶାନ୍ତି

ଲାଭ କରିବ ପରଲୋକରେ। ପରଲୋକଗତ ମଣିଷ ପାଇଁ ଦୟା, ଅନୁକଂପା ଦେଖାଇବା ଚରମ ମୂର୍ଖତା। ନିରବରେ ତାକୁ ତା ବାଟ ଛାଡ଼ି ଦେବାର କଥା।

ନିରବତା ହିଁ ଏ ଜୀବନ ପାଇଁ ମୋର ସର୍ବଶ୍ରେଷ୍ଠ ଉପହାର। ଯଶ, ସମ୍ମାନ, ଭୋଗ, ଐଶ୍ୱର୍ଯ୍ୟ, ଉପଢ଼ୌକନ, ଅଳଂକାର ପ୍ରତି ମୋର ଲୋଭ ନାହିଁ, ମୋର କୌଣସି ଉଚ୍ଚାଶା ନାହିଁ, ମୋହ ଦୁର୍ବଳତା ନାହିଁ। ଉତ୍ତର ପୁରୁଷମାନେ ମୋର ଅଜବ ଆଦର୍ଶରେ ଅନୁପ୍ରାଣିତ ନ ହୁଅନ୍ତୁ। ନିଜ ପାଇଁ ଯେଉଁ ଅଂଧାରିଆ ରାସ୍ତାଟି ମୁଁ ବାଛିନେଇଛି, ଭୁଲରେ ହେଲେ ବି ବୁଡ଼ି ଯାଉଥିବା ଆଦିମ ସୂର୍ଯ୍ୟ ସେମାନଙ୍କର ଆଦର୍ଶ ନହେଉ। ନିଜର ଦୃଢ଼ ଆତ୍ମପ୍ରତ୍ୟୟ ଓ ବିଶ୍ୱାସକୁ ନେଇ ବଞ୍ଚନ୍ତୁ ସେମାନେ। ସେମାନେ ନୂଆ ଭାଷାରେ ନୂଆ ଶତାବ୍ଦୀର ଇତିହାସ ଲେଖନ୍ତୁ।

ଫନୀ ମହାଂତି

୧୩ ଡିସେମ୍ବର, ୨୦୨୪
ଭୁବନେଶ୍ୱର

ଜନ୍ମରୁ ମୃତ୍ୟୁଯାଏଁ
ସାରା ଜୀବନ ବିଷାଦମୟ ।।

ଭୂତ ଭବିଷ୍ୟ ବର୍ତ୍ତମାନ
ବୋଲି କିଛି ନାହିଁ, ଆରଂଭ
ନାହିଁ କି ଶେଷ ନାହିଁ, ଶବ୍ଦ
ନାହିଁ କି ଅର୍ଥ ନାହିଁ, ଅର୍ଥାନ୍ତର
ନାହିଁ, ପ୍ରତିଟି ଶବ୍ଦ ନିରର୍ଥକ
ନିର୍ମୋହ ପୃଥିବୀରେ ।।

ଯୁଆଡ଼କୁ ଚାହଁ, ନିର୍ଜନତାର
ପ୍ରଲଂବିତ ଡାଳ ପତ୍ର, ମାନସ
ବୈଧବ୍ୟ, କ୍ରୁର ଦୈବୀ ଉପହାସ
ଶୂନ୍ୟମଂଡ଼ଳରେ ଘୂର୍ଣ୍ଣାୟିତ
ମାୟାଚକ୍ରର ଆଟୋପ ଆଡ଼ଂବରମୟ
ଦୃଶ୍ୟ ଯା'ର ଯଥାର୍ଥ ସ୍ୱରୂପ
ବର୍ଣ୍ଣିବାକୁ ସାଧ୍ୟ ନାହିଁ କା'ର
ମର ଜଗତରେ ।।

ମୁଁ ନିମିତ୍ତ ମାତ୍ର ସେ, ଭୟାବହ
ଦୃଶ୍ୟପଟର, ତା'ର ଯାଦୁକରୀ

ସ୍ପର୍ଶରେ, ସମ୍ୟକ୍ ଦର୍ଶନରେ ବିମୁଗ୍ଧ
ବିଭୋର ମୋର ସ୍ଥୂଳ ପଂଚଭୂତ
ଶରୀର ଅବଶ କ୍ଳାଂତ ଉଦାସ
ଉଦାସ ମୋର କ୍ଷତ୍ରିପଣ ।।

ମୁଁ ନିମିଷେ ପାସୋରିଯାଏ
ମୋର ଅବଦମିତ ଶୌର୍ଯ୍ୟ
ବୀର୍ଯ୍ୟ ଓ ପୁରୁଷକାରକୁ,
କର୍ମମୟ ଜୀବନର ଘନଘଟାକୁ,
ପ୍ରଚଂଡ଼ ପ୍ରାଜ୍ଞ ଓ ଧାର୍ମିକ
ଜୀବନକୁ, ନିଃସର୍ତ୍ତରେ, ନିର୍ବିବାଦରେ
ସର୍ବଂସହା ଧରିତ୍ରୀ ପରି ନିଶ୍ଚୁପ
ରହିଯାଏ କାଳ କାଳ
ଅନଂତ କାଳକୁ ।।

ଦୃଶ୍ୟ ଓ ଅଦୃଶ୍ୟ ଜଗତର ସେହି
ମହିମମୟ ପରମ ଦୟାଶୀଳ ଅଖଂଡ଼
ସତ୍ତାର ଅଂଶବିଶେଷ ଭାବେ, ବିସ୍ତାରିତ
ବିଭୂତିର ସାମାନ୍ୟ ସ୍ପର୍ଶ ଭାବେ, କ୍ଷୟିଷ୍ଣୁ
ଭୂତ ଜଗତର ଅକ୍ଷୟ ଅବ୍ୟକ୍ତ
ଭାବେ ସମର୍ପିଦିଏ ନିଜକୁ
ସୁଖ ଦୁଃଖ ମୋହ ବିକାରଗ୍ରସ୍ତ
ବହୁଧା ବିଭକ୍ତ, ନିଃସ୍ୱ ଜୀବନକୁ ।।

ଏବେ ବଡ଼ ଭାଗ୍ୟ ମୋର କାହିଁ
ସେ ଉଦ୍ଦଂଡ଼ ଅପରିକଳ୍ପନୀୟ
ଶକ୍ତିର ସମକକ୍ଷ ହେବା ପାଇଁ
ପ୍ରତିଦ୍ୱଂଦ୍ୱୀ ପରି ପ୍ରତିପକ୍ଷର
ହୋ -ହଲ୍ଲାରେ ପ୍ରମତ୍ତ ହେବାର ସାମର୍ଥ୍ୟ

କାହିଁ, ବା ତା'ର ପୁଣ୍ୟ ନାମାବଳୀ
ଗଳାରେ ଲଂବାଇ ଗୋଟିଏ ମର
ଜୀବନ ତରିଯିବା ପାଇଁ ।।

ତତ୍ତ୍ୱଜ୍ଞାନୀ ପରି
ଯେତେ ଢଙ୍ଗରେ, ଯେତେ ବାଗରେ
ଜୀବନ ବିତେଇଲେବି ନିଷ୍କୃତି ନାହିଁ,
କି ନିର୍ବାଣ ନାହିଁ ପ୍ରପଂଚ ଜଗତରୁ,
ଗତ୍ୟଂତର ନାହିଁ ତା'ର କରାଳ
ଲୋଲୁପ ଦୃଷ୍ଟିର,
ଜ୍ୱଳଂତ ଜଠରାଗ୍ନିରୁ, କାର୍ଯ୍ୟ - କାରଣରୁ,
ମୁହୁର୍ମୂହୁଃ ରଂଗ ବଦଳାଉଥିବା
ବିସ୍ଫାରିତ ବିକଟାଳ ମୁଖ ଗହ୍ୱରରୁ,
ମୋହାଛନ୍ନ ମାୟାପାଶରୁ, ଚିର
ଘୂର୍ଣ୍ଣାୟମାନ କାଳଚକ୍ରରୁ
ଚକ୍ରବ୍ୟୂହରୁ ।।

ପ୍ରତିଟି ମଣିଷର ଭାଗ୍ୟ: ଅର୍ଜୁନର ଭାଗ୍ୟ
ପ୍ରତିଟି କବିର ଭାଗ୍ୟ: ଅର୍ଜୁନର ଭାଗ୍ୟ
ଭୂତ ଭବିଷ୍ୟ ବର୍ତ୍ତମାନ ବୋଲି
କିଛି ନାହିଁ, ଆଦି ନାହିଁ କି ଅଂତ
ନାହିଁ, ବଂଧନ ନାହିଁ କି ମୁକ୍ତି ନାହିଁ
ସାରା ଜୀବନକାଳ
ସାରା ମରଣକାଳ
ବିଷାଦମୟ ବିଷାଦମୟ ବିଷାଦମୟ ।।

ବିଷାଦ ଓ କରୁଣାରେ ପରିପୂର୍ଣ୍ଣ ପ୍ରତିଟି
ଜୀବନ, ଅଂତୁଡ଼ିଶାଳରୁ ଜୁଇ ନିଆଁ ଯାଏଁ
ଭୟ ଏବଂ ଆତଂକରେ
ହଂତସଂତ ମନ॥

ଆଶା ନାହିଁ
ପ୍ରତ୍ୟାଶା ନାହିଁ
ଜନ୍ମ ମୃତ୍ୟୁ କବଳରୁ ମୁକ୍ତି
ନାହିଁ, କୌଣସି ଦୁର୍ଲଭ ବସ୍ତୁ
ଏ ଜୀବଦ୍ଦଶାରେ ଅକସ୍ମାତ ପାଇବାର
ସଂଭାବନା ନାହିଁ,
ଏ ଜଗତ ଏ ଜୀବନ
ମୋର ମୋର ବୋଲି କହିବାକୁ
ଶବ୍ଦ ସ୍ଫୁରୁନାହିଁ॥

ଜରା ବ୍ୟାଧିଗ୍ରସ୍ତ ଶ୍ୟାମଳ ଶରୀର
ଉଦାସ ଓ ଅବସନ୍ନ
ଅଜଣା ଆତଂକେ ପାଦରୁ କପାଳ
ଯାଏଁ ସର୍ବାଂଗେ କଂପନ
ଅସହ୍ୟ ଜ୍ୱାଳାରେ ମୋର ଶ୍ୱାସରୁଦ୍ଧ
ଇତସ୍ତତଃ ମନ
ଅଘଟଣ ଘଟଣା ପ୍ରବାହେ ରକ୍ତରେ
ପ୍ରମତ୍ତ କଳା ନାଗ ସୁନୀଳ ଦଂଶନ॥

ଅପାଂକ୍ତେୟ ମଣିଷଟେ ପରି ମୋର
ଅସହାୟ ସ୍ଥିତି ମହାକାଳ କରାଳ
ଗର୍ଭରେ ନିର୍ମମ ନିଷ୍ଠୁର ଅଭିବ୍ୟକ୍ତି
ସତ୍ତ୍ୱେ ମୋ ସାମ୍‌ନାରେ ମୃତ୍ୟୁନାଚ
ବିଧିନିର୍ଦ୍ଦିଷ୍ଟ ମୋହଗ୍ରସ୍ତ ମଣିଷର ଭାଗ୍ୟ,
ତା'ର ହୃଦୟବିଦାରକ ରକ୍ତାକ୍ତ
ଇତିହାସ, କ୍ଷଣଭଂଗୁର ଜୀବନଦର୍ଶନ
ନିଷ୍ଠୁର ନିୟତି
ତ୍ରିଶଂକୁ ପର୍ବରେ ମୁଁ ଶ୍ରୀହୀନ,
ଅନୁଶାସନର ଦୌରାତ୍ମ୍ୟରେ ସ୍ଥିର ଓ ନିଶ୍ଚଳ,
ନାହିଁ ଅନ୍ୟ ଗତି ।।

କି ଦୟନୀୟ ସ୍ଥିତି, ବିକଳ
ଅବସ୍ଥା, ହା- ହତୋଽସ୍ମି ଭାବ
ଇଚ୍ଛା ଓ ଅନିଚ୍ଛାର ପ୍ରଶ୍ନ ନାହିଁ
ଜାତି ଗୋତ୍ର ବର୍ଣ୍ଣ ଓ ଅକ୍ଷର ଜଣା ନାହିଁ,
କା ଔରସୁ ଜନ୍ମ ମୋର ମୁହଁ
ଖୋଲି କହିବାକୁ ଜୁ ପାଉନାହିଁ ।।

ମୁଁ ଏକ ଅନାହୂତ ଆକସ୍ମିକ
ବିସ୍‌ଫୋରଣ, ପାପ ପ୍ରଣୟର ଦାବାନଳୁ
ମୁଁ ଭୂମିଷ୍ଠ, ସଂଭୋଗ ଓ ସନ୍ନ୍ୟାସର
ଅର୍ଜୁନ ବନରେ ନିତ୍ୟ ଗୁଂଜରଣ,
ଅନସ୍ୱୀକୃତ ଘଟଣାବିହୀନ,
ଚିରକାଳ ଉପେକ୍ଷିତ
ରହସ୍ୟମୟ ଧୂସର ଜୀବନ ।।

ବିଚାର ବିମର୍ଶ ଏଇ ବିଷଣ୍ଣ ଜୀବନ
ପ୍ରତି କେତେ ମୋହ, କେତେ ଦୁର୍ବଳତା
ଦଂଡ଼ ପଳ, ମାସ ମାସ, ବର୍ଷ ବର୍ଷ ଧରି
ମୁଁ ବଂଚିଛି, ବଂଚିଥିବି, ନାହିଁ ମୁକ୍ତି
ଗତି, ଶତାବ୍ଦୀ ଶତାବ୍ଦୀ ବ୍ୟାପୀ
ରୋମାଂଚରେ ଭରପୂର ଭାଗ୍ୟଲିପି
ମୋ କ୍ରୂର ନିୟତି ।।

ତଥାପି ନିସ୍ତାର ନାହିଁ ବିଷାଦ ଓ
ମୋହଗ୍ରସ୍ତ ଜୀବନର କୁରାଳଚକ୍ରରୁ
ଶୃଂଖଳିତ ଆତ୍ମା ଓ ଶରୀର
ଅବାରିତ ପିଷ୍ଟ ଏଠି ଈପ୍‌ସା ଓ
ଆସକ୍ତିରେ, ବ୍ୟସ୍ତତା ଓ ବେଦନାବୋଧରେ
ମୁଁ ଅବଶ ପରାଜିତ ଜୀର୍ଣ୍ଣ ଓ ଉଦାସ
ନିରବଧି ମହାକାଳ ଜୀବନ ଯଜ୍ଞରେ
ମତେ କରେ ଉପହାସ ।।

ଦୈବୀକୃତ ଜନ୍ମ ମୋର, ମୁଁ
ନିର୍ବାକ୍ ନିସ୍ପଂଦ ନିର୍ଜୀବ କ୍ରୀଡ଼ନକ
ପରମ ସତ୍ତାର
ଯା'ର ଅଦ୍‌ଭୂତ ବିଭୂତିରେ
ଜଳ ସ୍ଥଳ ଆକାଶ ମହାକାଶ
ନିୟଂନ୍ତିତ, ସୂର୍ଯ୍ୟ ଚଂଦ୍ର ଗ୍ରହ ନକ୍ଷତ୍ର

ଓ ତେତ୍ରିଶକୋଟି ଦେବଦେବୀ
ଆତଯାତ, କରୁଣା ଓ ବାତ୍ସଲ୍ୟର ଗାଢ଼
ଆଲିଂଗନରେ ମୁଁ ଅଂଧ, ଅଜ୍ଞାନ,
ଅଧଃପତନର ଛନ୍ଦରେ ଶଙ୍କାୟିତ
ମୋ ସୁନାର ଭାରତବର୍ଷ ।।

ସିଂହାସନ ଲୋଡ଼ା ନାହିଁ
ଶକ୍ତି ଓ ସାମ୍ରାଜ୍ୟ
କାଂଚନ କିରୀଟ, ରଥ ରଥାଂଗ
ଜୟଜୟକାର ଲୋଡ଼ା ନାହିଁ
ମର୍ତ୍ତ୍ୟମଂଡ଼ଳରେ ଭସ୍ମୀଭୂତ ଏ ଜଡ଼
ଶରୀର, ଯଂତ୍ରଣାରେ ଉଦ୍‌ବେଳିତ
ମୁଁ କ୍ଷୁଦ୍ରାଦପି କ୍ଷୁଦ୍ର
ମହାନ୍ ପରମ କାରୁଣିକ ଅମୂର୍ତ୍ତ ସତ୍ତାର ।।

■

ମୋ ବୋଧଶକ୍ତି ଓ ମାୟାବଳୟର
ବାହାରେ ସୃଷ୍ଟିର ଅପରିସୀମ ଆୟତନ
ସ୍ମୃତିଚାରଣର ଅଂତିମ ପର୍ବରେ
କାଳ - ଭୈରବୀର ଅନଂତଶୟନ
ବିବେକ ମୃତ
ଧୀଶକ୍ତି ଲୁପ୍ତ
ଭଦ୍ର ଓ ମାର୍ଜିତ ଜୀବନର ସବୁ
ସ୍ୱପ୍ନ ପରାହତ,
ଅଜ୍ଞାନ ଓ ଅଂଧକାରମୟ ଭବିଷ୍ୟତ
ପ୍ରଜ୍ଞା ସୀମିତ
ଦୈବୀଦତ୍ତ ସ୍ଥୁଳ ଶରୀର ଅର୍ଧମୃତ ।।

ଦୁର୍ଲଭ ସୌଭାଗ୍ୟ ମୋର କାହିଁ
ତା ଆଦିଗଂତ ଦୃଷ୍ଟିର ବଳୟରୁ
ମୁକୁଳି ଆସି ଶାଂତ ସରଳ ନିଷ୍ପାପ
ଜୀବନଟିଏ ବଂଚିବାର ପାଇଁ
ସୁଖଦୁଃଖର ସଂସାରରେ ବୁଡ଼ିରହି
କାମନା ଓ ବାସନାରୁ ବର୍ଜିଯିବାପାଇଁ ।।

ପକ୍ଷାଂତରେ
ଅପଯଶର
ଦୁଂଦୁଭି ନାଦରେ
ହୁଲସ୍ଥୁଲ୍ ମୋ ଅର୍ଜିତ ସଂସାର,

ପରାଜିତ ମନ ଓ ହୃଦୟ
ବିଚାରଶୂନ୍ୟ ବୁଦ୍ଧି ଓ ବିବେକ
ଅର୍ଥହୀନ ଶାସ୍ତ୍ର ଓ ବିଧାନ
ଅର୍ଥହୀନ ମାନବିକ ମୂଲ୍ୟବୋଧ
ପାପାଚାର ନୀତି ଓ ନିୟମ,
ଦେହର ସଂଭୋଗ ପାଇଁ କର୍ମ
ଓ ପ୍ରବ୍ରଜ୍ୟାର ମିଥ୍ୟା ପ୍ରବଚନ
ମୁଁ ନିଃସଂଗ ମୂଢ଼ ଅକିଂଚନ,
କିଂକର୍ତ୍ତବ୍ୟହୀନ ॥

ମୁଁ ରହସ୍ୟମୟ ଖଂଡ଼କାବ୍ୟ
ଇଚ୍ଛାକୃତ ଦୁର୍ବୋଧ୍ୟତା, ଅବକ୍ଷୟୀ
ସମାଜର ଏକ ଦୁଷ୍ଟ ବ୍ରଣ,
ଶନି କୋପାନଳେ ମୋର ବର୍ଷ
ବର୍ଷ ବନବାସ, ଗୃହତ୍ୟାଗ
ଆୟୁ କ୍ଷୟ, କଳହ ଓ
ମନସ୍ତାପ, ହତ୍ୟା ଦ୍ୱେଷ
ବିଭୀଷିକାମୟ ନିର୍ମମ ଜୀବନ ॥

ଉଦ୍‌ବେଳିତ ସ୍ମିତି
ଓ ବିସ୍ମୃତି, ଶୌର୍ଯ୍ୟ
ଓ ପୌରୁଷ
ମୁଁ ହୀନ, ଉପହସିତ
ନିର୍ବିର୍ଯ୍ୟ ଇତିହାସ,
ଅନ୍ୟର ମର୍ଜିରେ ପରିଚାଳିତ
ଭାଗ୍ୟ ଓ ବିଶ୍ୱାସ ॥

କେଉଁ ଅନାଗତ ବିଧାତାର
ଅଲିଖିତ ନିର୍ଦ୍ଦେଶନାମାରେ
ଗୃହଶତ୍ରୁଙ୍କ ପ୍ରବଳ ରଣ
ହୁଂକାରରେ, ହତ୍ୟା ଲୁଂଠନ
ଗୃହଦାହ ଓ ଧର୍ଷଣର
ଜୟଜୟକାରରେ କ୍ଷତବିକ୍ଷତ
ରକ୍ତାକ୍ତ ଆର୍ଯ୍ୟପୂତ ପବିତ୍ର
ଭାରତବର୍ଷ ।।

କେଉଁ ଯୁଗାବଧି ପୁରୁଷର
ଇଚ୍ଛାକୃତ ତାଂଡ଼ବ ନୃତ୍ୟରେ
ଶାଣିତ ତରବାରିର ଝନତ୍
ଝଂକାରରେ, ମାୟାଯୁଦ୍ଧର ଆଟୋପ
ଆଡ଼ଂବରରେ ରୁଧିରାକ୍ତ
ଅନଂତ ସୃଷ୍ଟିର ରହସ୍ୟ ।।

ମୁଁ ଅନର୍ହ, ନିମିତ୍ତ ମାତର
ମୋର ଲକ୍ଷ୍ୟ, ଆଦର୍ଶ ବୋଲି
କିଛି ନାହିଁ
ସାକ୍ଷାତ୍ ଈଶ୍ୱର ପରି ଆସ୍‌ଫାଳନ
କରିବାର ନାହିଁ, ଚେଷ୍ଟା ନାହିଁ
କି ଏକାଗ୍ରତା ନାହିଁ
ଅଭିସଂପାତ ଜୀବନ,

ଅନବଚ୍ଛିନ୍ନ ଯନ୍ତ୍ରଣାଜର୍ଜିତ
ଯୁଗଯୁଗାନ୍ତ ପାଇଁ ମୋର
ଅପକର୍ମ ଜଗତ ବିଖ୍ୟାତ,
ପ୍ରତିଟି ମୁହୂର୍ତ୍ତ ଶଂକାକୁଳ
ଅଜଣା ଆତଂକେ ବିପର୍ଯ୍ୟସ୍ତ ॥

ଦୃଶ୍ୟ ଜଗତର ସାଧାରଣ ରକ୍ତ
ମାଂସର ମଣିଷ ମୁଁ
ଆବେଗରେ ଉଚ୍ଛଳ, ପ୍ରେମରେ
ଉତ୍‌ଫୁଲ୍ଲ, ଅନାଗତ ବିଧାତାର
କୋପାନଳେ ଛିନ୍‌ଛତ୍ର ନିଟୋଳ
ସଂସାର, ଅଂତଃସ୍ଥଳେ ଘନଘନ
ଭୟର ଶୀତ୍‌କାର ॥

ମୋର ଯେତେ ଅପସୃୟମାଣ
ସ୍ମୃତି ବିଗତ ଦିନର, ଅହୋଃରାତ୍ର
ବର୍ଚ୍ଛାପରି ବିଦ୍ଧ କରେ ମନ ଓ
ଶରୀର, ଅନର୍ଘ ଜୀବନ, ଦୁର୍ଗନ୍ଧମୟ
ଅନବସ୍ଥିତ ହୃଦପଦ୍ମ
ବିବେକ ଦଂଶନ, ମୁଁ ଅଭାଗା
ନିର୍ବୀର୍ଯ୍ୟ ପୁରୁଷ, ପ୍ରଚଳିତ ସମାଜର
ପ୍ରତିଟି ସ୍ତରରେ ସ୍ଥିତିହୀନ ସ୍ଥିତି ମୋର
ଚିର ଅଶୋଭନ ॥

ସ୍ୱପ୍ନରେ ସ୍ୱପ୍ନରେ ଦେଖେ ଏମିତି
ଏକ ଅଲୌକିକ ଚିତ୍ର ଯା'ର ଅଙ୍ଗରେ
ଆତ୍ମାରେ, ପ୍ରତି ଚେତନାରେ
ଉଦ୍‌ଘୋଷିତ ଅହିଂସା ଓ କରୁଣାର
ଶୁଦ୍ଧପୂତ ମଂତ୍ର
ଓଁକାର ଶବ୍ଦରେ ହୃଦକମଳ କ୍ଷଣ
କ୍ଷଣ ଅନୁରଣିତ,
ପ୍ରେମ ଓ ସଦ୍‌ଭାବର ମହାମିଳନରେ
ପ୍ରତିଟି ପୃଷ୍ଠା ସୁଶୋଭିତ ॥

ସ୍ୱପ୍ନର ଭାରତ ମୋର: ଅରଣ୍ୟ ଭାରତ
ହତ୍ୟା, ଦ୍ୱେଷ, ସଂଘର୍ଷ ଓ ଶୃଙ୍ଗାରର
ଦାବାନଳେ ସମକୀର୍ଣ୍ଣ, ସଙ୍କୁଚିତ

କ୍ଷୟିଷ୍ଣୁ ଭାରତ,
ପ୍ରତି ଚେତନାରେ "କ୍ଷାତ୍ର ଧର୍ମ ଅନୁସ୍ମରନ୍"ର
ପୁନରାବୃତ୍ତି, ସ୍ୱଧର୍ମ ପାଳନର
ନିରର୍ଥକ ନିର୍ଦ୍ଦେଶନାମା, ଅନୀତି ଓ
ଅନାଦର୍ଶରେ ସମାଛନ୍ନ ସାମଗ୍ରିକ ସ୍ଥିତି ।।

ଶୋକଶୂନ୍ୟ ଲୋକ କାହିଁ?
ନିରାପଦ ନିର୍ଭୟ ଆଶ୍ରୟସ୍ଥଳ ବା
କାହିଁ?
ପୁନଃପୁନଃ ଗମନ ଓ
ପୁନଃପୁନଃ ପ୍ରତ୍ୟାବର୍ତ୍ତନ,
ପ୍ରାକୃତିକ ନିୟମର ନିଗଡ଼ ବନ୍ଧନ
ଅନ୍ତହୀନ ବିଭୂତିର ବିସ୍ତାରିତ ଧୂମ
ପଟଳରେ ଭୁବନ ବିଖ୍ୟାତ ଗାଂଡ଼ିବ
ତୂଣୀର ଲକ୍ଷ୍ୟଭ୍ରଷ୍ଟ, ସର୍ବାଙ୍ଗରେ ଜ୍ୱାଳା
ଓ ଦଂଶନ, ଅପଶକୁନ ଦୃଶ୍ୟରେ
ଶରୀର ବିଷଣ୍ଣ ।।

■

ମୁଁ ମୋ ଉଗ୍ର ଅହଂକାରର ବିଶ୍ୱସ୍ତ
କ୍ରୀତଦାସ, ବିଷାଦିତ ବିବେକ, ଆତ୍ମାର
ଦହନ, ଆତ୍ମଘାତି ଦୋଷେ ମୋର ସ୍ମୃତି
ଓ ଚୈତନ୍ୟ ଶୂନ୍ୟ, ତଥାପି ଏ ରୁଗ୍ଣ ମନ
ପ୍ରତିଟି କ୍ଷଣରେ ଚାହେଁ ବୈଷ୍ଣବୀ ଦର୍ଶନ ।।

ନିଃସଙ୍ଗ ଏକକ ସତ୍ତା ମୁକ୍ତି ଚାହେଁ
ଜୀବନରୁ, ଯନ୍ତ୍ରଣାରୁ, ତ୍ରିକାଳ ଓ
ତ୍ରିଯାମାରୁ, କିନ୍ତୁ ମୁକ୍ତି କାହିଁ ?
ମୁକ୍ତି ଯେ ସୁଦୂର ପରାହତ,
ବର୍ଷ ବର୍ଷ କାଳ ନଇଁ ନଇଁ ଅକର୍ମାଙ୍କ
ପରି ଲକ୍ଷ୍ୟ ଓ ଆଦର୍ଶହୀନ ଜୀବନ
ବଂଚିବା ପାଇଁ ଅଙ୍ଗ ଥରଥର
ଅସ୍ଥିର, ଉଦ୍‌ବେଳ,
ନୈତିକ ଦ୍ରୋହରେ ଦ୍ରୋହୀ ଏ
ଭୂତ ଶରୀର
କାଳ ଗର୍ଭେ ଲୀନ ପଳପଳ ।।

ବିମର୍ଷ ବିମର୍ଷ ପ୍ରାଣ
ବିଷାଦରେ ବିଷାଦିତ ଅବଶିଷ୍ଟ
ଜୀବନ, ପରିମୁକ୍ତି ମିଳେ ନାହିଁ

କଷ୍ଟକଣ୍ଟାଂତରେ,
ନରଲୋକେ ପିତୃଲୋକେ
ଦେବଲୋକେ ଅପବାଦ ଅପଖ୍ୟାତି
ରଟୁଥାଏ ଘଟଣାଚକ୍ରରେ ।।

ସ୍ଥିର ବୁଦ୍ଧି
ଧୀର ଚିତ୍ତ, ବିବେକ - ବୈରାଗ୍ୟ
ଓ ଯୋଗଯୁକ୍ତ ମନ ପାଇଁ କେତେ
ଶ୍ରମ, କେତେ କ୍ଲାନ୍ତି, କେତେ
ଯେ ବିସ୍ମୟ;
କଳଂକିତ ନାୟକ ମୁଁ
ଜୀବନ ଯୁଦ୍ଧରେ ବାରମ୍ବାର ପରାଜିତ,
ମୋ ଅପକର୍ମରେ ଧରା ତ୍ରସ୍ତ, ଜୟୋଲ୍ଲାସେ
ଜଳ ସ୍ଥଳ ଅନ୍ତରୀକ୍ଷ ନିନାଦିତ
ମଦମତ୍ତ ଅହଂକାରେ ମୋ
ଚୈତନ୍ୟ ଲୁପ୍ତ ।।

ସାଂତ୍ୱନା ଓ ଆଶ୍ୱାସନାହୀନ ଏ ଜୀବନ
ସ୍ୱତନ୍ତ୍ର ଏକକ, କ୍ଷଣକର ଅତିଥି ମୁଁ
ମହାଘୋର ଅନ୍ଧକାରେ, ଅଦୃଶ୍ୟରେ
ତିଳ ତିଳ ନଷ୍ଟହୁଏ ମୋ ତପସ୍ୟା
କଳ୍ପକଳ୍ପାନ୍ତର ପାଇଁ
ନିତ୍ୟ ନିରର୍ଥକ ।।

ତଥାପି ନିଷ୍କୃତି ନାହିଁ ଚକ୍ରାକାର କର୍ମ
ବନ୍ଧନରୁ, ତଥାପି ନିଷ୍କୃତି ନାହିଁ ଘନଘଟା
ବିଷୟାବାସରୁ, ଦେହ ବଳୟରୁ,
ତଥାପି ନିଷ୍କୃତି ନାହିଁ ତ୍ରିଗୁଣ ରଜ୍ଜୁର
ଦୃଢ଼ ବନ୍ଧନରୁ
ଅପ୍ରାକୃତ ଦିବ୍ୟରୂପୀ ଚିନ୍ମୟ
ସତ୍ତାର ମାୟା ପଟଳରୁ ।।

କି ଅଦ୍‌ଭୁତ ରହସ୍ୟମୟ ରହସ୍ୟ
ଏ ! ଚିରକାଳ ଅନାବରିତ, ଆଦି ଅନ୍ତ
ହୀନ ଅଦୃଶ୍ୟ, ଅବ୍ୟକ୍ତ
ସୃଷ୍ଟିର ଅନନ୍ତ ଆୟତନରେ ମୁଁ କ୍ଷୁଦ୍ରାଦପି କ୍ଷୁଦ୍ର
ଆଜନ୍ମ ନଷ୍ଟ, ଅଭିଶପ୍ତ, ନିରସ୍ତ

ନିଶ୍ଚେଷ୍ଟ, ରହସ୍ୟରେ ରହସ୍ୟାବୃତ୍ତ
ନିଷ୍ଠୁର ଅଦୃଷ୍ଟ ।।

ଲକ୍ଷ୍ୟ ନାହିଁ
ଏକାଗ୍ରତା ନାହିଁ
ନିରବତା ଓ ଆତ୍ମବିଶ୍ୱାସର
ବିନ୍ଦୁଏ ଝଲକ ନାହିଁ, ସହଜ
ସ୍ୱଭାବ ମୃତ୍ୟୁ
ମଧୁମୟ ପୃଥିବୀରେ ନାହିଁ,
ସ୍ୱେଚ୍ଛା ମୃତ୍ୟୁ ଭିନ୍ନ ଅନ୍ୟ ଗତି
ନାହିଁ, ଗତ୍ୟନ୍ତର ନାହିଁ ॥

ଅଥଚ, ଏ ବେଦନାବିଧୁର
ଚିତ୍ତ ଆସକ୍ତି ଓ ଯନ୍ତ୍ରଣାରେ
ବନ୍ଧନ ଓ ଇପ୍‌ସାର ଅନଳେ
ପ୍ରଜ୍ଜ୍ୱଳିତ, ଶ୍ରାନ୍ତ ବିହ୍ୱଳ
ଓ ଭସ୍ମୀଭୂତ ॥

ଚିର ମୁକ୍ତି ପାଇଁ ହୃଦୟର କି ମର୍ମସ୍ପର୍ଶୀ
ବ୍ୟାକୁଳତା, ସଂପୂର୍ଣ୍ଣ ଅପସାରଣ
ପାଇଁ ମରଲୋକେ କେତେ ଯେ ବ୍ୟଗ୍ରତା,

ଅଥଚ ଭାଗ୍ୟର କି ନିଷ୍ଠୁର ବିଡ଼ମ୍ବନା
ବିରୋଧାଭାଷରେ ଓତପ୍ରୋତ ସନ୍ତୁଳିତ
ଇଚ୍ଛା ଓ କାମନା ॥

ଜନଶ୍ରୁତିର ନିର୍ଲଜ୍ଜ ନାୟକ ମୁଁ
ଶବ୍ଦର ଇନ୍ଦ୍ରଜାଲରେ ମୋହଗ୍ରସ୍ତ
କାକୁସ୍ଥ, ଅଣଆୟତ
ହୀମ ଶୀତଳ ଦୁଃଖର ଶ୍ୟାମ
ଶରୀର ପ୍ରତିନିୟତ ପରାହତ,
ସ୍ୱପ୍ନ ବିବର୍ଜିତ ॥

ଏହାହିଁ ଅଦୃଷ୍ଟ ଲିପି ପ୍ରତିଟି
କବିର ଆମ ସମୟର, ଶତାବ୍ଦୀ
ଶତାବ୍ଦୀ ଧରି ଭୋଗିବାକୁ
ହେବ ନିଜ କର୍ମଫଳ
କ୍ଷମା ନାହିଁ କି, ଉଦାରତା
ନାହିଁ, ପାପଭାରାରେ ସଙ୍କୁଚିତ

ଜୀବନ ଅଚାନକ ବିନଷ୍ଟ ହେବାର
ସମ୍ଭାବନା ନାହିଁ,
ଆବେଗ ଓ ଆକର୍ଷଣର ଅଂତ
ନାହିଁ, ଦୈବୀ ଅଭିସଂପାତରୁ
ମୁକ୍ତି ନାହିଁ, ନିସ୍ତାର ନାହିଁ॥

ଅଶାନ୍ତ ସମୁଦ୍ର ପରି ଅଧୀର
ହୃଦୟ, ଅସଂଯତ ମନ
ସଂଘର୍ଷ ଜର୍ଜର,
ହାହାକାରମୟ ଯାନ୍ତ୍ରିକ ଜୀବନ
ଧୂସର ଧୂମାଳ
ଧ୍ୱଂସ ମହୋତ୍ସବରେ ମହାକାଳ
ମଦମତ୍ତ, ମାୟା ସନ୍ଧ୍ୟାରେ ଧରା
ତ୍ରସ୍ତ, ଉତ୍ଥାନ ଓ ପତନର
ବିଚିତ୍ର ଛନ୍ଦରେ ଛନ୍ଦାୟିତ ମୋ'
ସ୍ୱପ୍ନର ଅରଣ୍ୟ ଭାରତ॥

ବିଷଣ୍ଣ ପାଣ୍ଡବ ପରି ପ୍ରତିଟି
କ୍ଷଣରେ, ଚେତନାରେ ପ୍ରତି ଝଲକରେ
ମୁଁ ଅବିଚଳିତ
ଅଚଳ, ଅନୁଚ୍ଛ୍ୱସିତ,
ଜନ୍ମ ମୃତ୍ୟୁ ଆଚାର ବିଚାର ସବୁ
କିଛି ଭାଗ୍ୟନିର୍ଦ୍ଦିଷ୍ଟ,
ଅନ୍ତୁଡ଼ିଶାଳର କୁଆଁ ରାବଠାରୁ
ମଶାଣିର ଜୁଇନିଆଁ ଯାଏଁ
ମୋର ପରମାୟୁ ସ୍ଥିର - ନିଶ୍ଚିତ ॥

ଶତାବ୍ଦୀର ଶେଷ ଅଙ୍କରେ
କେଉଁ ଯଶ ଓ ସମ୍ମାନ ପାଇଁ
ଧ୍ୱଂସ ମହୋତ୍ସବର ମହାଡ଼ଂବର,
ତୂରୀ ଭେରୀ
ଟମକ ଦମାଲ
ଓ ବିଜିଘୋଷର ନିନାଦରେ
ତ୍ରିଭୁବନରେ ଚହଲ, ଅଣାୟତ୍ତ
ଅମୋଘ ଅସ୍ତ୍ରର ଆୟତ୍ତେ
ସାରା ଜୀବନ ହଂତସଂତ
ଉଦ୍‌ବିଗ୍ନରେ ନଷ୍ଟଭ୍ରଷ୍ଟ
ସୁନୀଳ ଭବିଷ୍ୟତ ॥

ସବୁ ହତାଶା ଓ ପରାଜୟ ସତ୍ତ୍ୱେ
ଯେତେ ଦିନ ବଂଚିବାର କଥା
ବଂଚିବାକୁ ହେବ,
ଥରକୁ ଥର ପଡ଼ି ଉଠି, ମଂଦ
ଭାଗ୍ୟ ନେଇ ଏକାଗ୍ର ଚିତ୍ତରେ
ଶର ଯୋଖିବାକୁ ହେବ ମାଛର
ଆଖିକୁ, ଖିନ୍‌ଭିନ୍ କରିବାକୁ
ହେବ କାଞ୍ଚନିକ ପୃଥିବୀକୁ
ନିରେଖ କବିର ନିଷ୍ପାପ ମଧୁବନକୁ
ନିଟୋଳ ନିର୍ଭୁଲ ଉଚ୍ଚାରଣକୁ
ଶକ୍ତ ମୁଷ୍ଟି ବଂଧନକୁ
ଓ
ସ୍ୱର୍ଦ୍ଧିତ ଆତ୍ମ - ବିଶ୍ୱାସକୁ ॥

କେଉଁ ନ୍ୟାୟ ଅନୁଶାସନର ଅନୁଶାସନ ?
ଅନ୍ୟ ଜଗତ୍
ଅନ୍ୟ ଜୀବନ
ନାହିଁ ବୋଲି ନିଃସଂକୋଚରେ ଉଜାଡ଼ି
ଦେବାକୁ ହେବ ଏଇ ଜୀବନର କଷ୍ଟଲବ୍ଧ
ସଂଚିତ ଭାବାବେଗକୁ, ଦୁର୍ଲ୍ଲଭ ପ୍ରେମକୁ ॥

■

ପ୍ରତିଟି କବିର ପ୍ରେମ ଚିରଦିନ
ଯୁଗଯୁଗାଂତରର ମଣିଷଂକ ପାଇଁ
ଏକ ପ୍ରଶ୍ନବାଚୀ, ଯା'ର ଉତ୍ତର
ନାହିଁ ସ୍ୱର୍ଣ୍ଣପ୍ରସୂ ସୁନୀଳ ଭାରତ
ମୋର ଅନ୍ୟାୟ ଓ ପାପାଚାରରେ
ଲୁଂଠିତ ହେଲେ ବି ଅନ୍ୟ ଉପାୟ
ନାହିଁ, ମୋର ବ୍ୟକ୍ତିଗତ ଅଧିକାର,
ଆଦର୍ଶ ଓ ପରାକାଷ୍ଠା ସାବ୍ୟସ୍ତ
କରିବାର ପ୍ରଶ୍ନ ଉଠୁ ନାହିଁ;

ପ୍ରତିଟି ଶବ୍ଦର ଅର୍ଥ ଜାଣିବାକୁ
ଏପରି କୌଣସି ବିଶ୍ୱସ୍ତ ଅଭିଧାନ
ଦୃଶ୍ୟ ଜଗତରେ ନାହିଁ, କଷ୍ଟ
ଲବ୍‌ଧ ଭୋଗ୍ୟ ବସ୍ତୁ ମୋ ଦୃଷ୍ଟି
ସାମ୍‌ନାରେ ବିଧ୍ୱସ୍ତ ହେଲେବି
ଅନ୍ୟ ଉପାୟ ନାହିଁ ।।

କେଉଁ ଅପରିଚିତ ଅଜ୍ଞାତ ଐଶୀଶକ୍ତିର
ମୁଁ ଯଂତ୍ରାଂଶ ମାତ୍ର !
ଅଲଂଘନୀୟ ନିର୍ଦ୍ଦୟ ନିର୍ଦ୍ଦେଶନାମାରେ

ପ୍ରତିଟି ସତ୍ତା ମୋର ନିୟଂତ୍ରିତ
ଅଖଂଡ଼ ମୁକ୍ତିର ସ୍ୱପ୍ନ ସୁଦୂର
ପରାହତ, ପ୍ରାରବ୍‌ଧ କର୍ମର ଫଳ

ଭୋଗକରିବାକୁ ହେବ ଏ ଜୀବଦ୍ଦଶାରେ,
ଯାହା ଧ୍ରୁବ ସତ୍ୟ, ବିଧିନିର୍ଦ୍ଦିଷ୍ଟ ।।

ସୁଖରେ ଦୁଃଖରେ
ବିଜୟ ଓ ପରାଜୟରେ ମୁଁ
ଅବିଚଳିତ ଅଚଳ ବିଗତସ୍ପୃହ,
ଲାଂଛନା ଓ ବଂଦନା ଗୀତିରେ
ଅପରିବର୍ତ୍ତନୀୟ ବଜ୍ରସମ ମୋର
ଏଇ କଠିନ ହୃଦୟ ।।

ପ୍ରିୟଅପ୍ରିୟ ବୋଲି କିଛି
ନାହିଁ, ତଥାପି ଅବାଧ୍ୟ ମନ
କେଉଁ ଉଚ୍ଚାଟ ସ୍ୱପ୍ନରେ କ୍ଷଣ
କ୍ଷଣ ଅସ୍ଥିର ଉଦ୍‌ବେଗ, ଶଙ୍କା
ଶୂରୁ ନାହିଁ,
ଚିର ଅଶାଂତମୟ ଜୀବନ ରୁକ୍ଷ
ହାହାକାରେ ସଂପୂର୍ଣ୍ଣ ବିଦୀର୍ଣ୍ଣ ମୋ
ଭିତରେ ମୁଁ ନିର୍ବାସିତ ବଂଦୀ
ପରି ପ୍ରତି ନିୟତ
ଭୟରେ ଆଚ୍ଛନ୍ନ ।।

ଅଭାବବୋଧର ଅକଥନୀୟ କଷାଘାତରେ
ଭାଗ୍ୟ ବିପର୍ଯ୍ୟୟ
ମାୟାଯୁଦ୍ଧର ପ୍ରହେଳିକାରେ ପରିପୂର୍ଣ୍ଣ
ବିଶ୍ୱ ମଧୁମୟ,
ନୀଳ ଆକାଶରୁ ଘନ ଘନ ଉଲ୍‌କା
ବୃଷ୍ଟି, ତ୍ରିକାଳ ଓ ତ୍ରିଯାମା
ମରୀଚିକାମୟ,
ଦୃଶ୍ୟ ଓ ଅଦୃଶ୍ୟ ଲୋକରେ ଶୂନ୍ୟ
ପୁରୁଷର ଅଂତହୀନ ଶୂନ୍ୟ ମହୋତ୍ସବ ।। ■

ହର୍ତା କର୍ତ୍ତା ଜଣାନାହିଁ
କିଏ ଭୋକ୍ତା, କିଏ ଭୋଗ୍ୟ
ଜାଣିବାର ମାର୍ଗ ଜଣା ନାହିଁ
ମଧ୍ୟବୟସରେ ଅଧମ କବିର
ଭାଗ୍ୟ ବିପର୍ଯ୍ୟୟ
ଏତିକି ନିଶ୍ଚୟ ॥

ଧର୍ମର ସୁରକ୍ଷା ପାଇଁ କେତେ
କେତେ ନୀତି ବାଣୀ, ମିଥ୍ୟା
ପ୍ରବଚନ, କେତେ ଦୈନ୍ୟ, କେତେ
ଯେ ଅନାସ୍ଥାଭାବ, ଅଧର୍ମ ଓ
ଅନୀତିର ହ୍ରେସାରବ, ଜୟଜୟକାରେ
କ୍ଳାଂତ ଶ୍ରାଂତ ଅବଶ ଉଦାସ
ଅଂଗ ଅବୟବ ॥

ମିଥ୍ୟାଚାରୀ, ସ୍ୱାର୍ଥାନ୍ୱେଷୀ ଫଂଗପାଳ
ଦଳ, ରକ୍ତରେ ଖେଳଂତି ହୋରୀ
ମୋ ଲୁହରେ ଜଳାଂତି ମଶାଲ,

ବିବସ୍ତ୍ରା ଦ୍ରୌପଦୀ ପରି ମୁଁ ନିରୁପାୟ
ହତବାକ୍, ଭୀରୁ ଓ ଦୁର୍ବଳ,
ମୋ ଆଗରେ ଅହରହ ମୃତ୍ୟୁନାଚ,
ବରାଭୟ ମୁଦ୍ରାର ଅଂଚଳ ॥

■

ପ୍ରତିଟି ମୁହୂର୍ତ୍ତ ମୋର ଦୁଃଖ ଆଉ
ଯଂତ୍ରଣାରେ ପିଷ୍ଟ, ପ୍ରତି ଚେତନାରେ
ପ୍ରତିଧ୍ୱନିତ ଅପମୃତ୍ୟୁର ବେସୁରା ସଂଗୀତ
ଯା'ର ଆଦ୍ୟ ନାହିଁ
ଅଂତ ନାହିଁ,
ସାରା ଜୀବନ, ସାରା ଜଗତ୍ ଭୟରେ
କଂପଇ, ମୋ ପୌରୁଷ, ଗର୍ବ ଦଂଭ
ଭାଂଗିରୁଜି କାଳଗର୍ଭେ ମାଟିରେ ମିଶଇ ।।

କାପୁରୁଷ ପରି ଯେଉଁ ଦୃଶ୍ୟକୁ
ଅନେଇଲେ ବି ଝାପ୍‌ସା ଝାପ୍‌ସା
ବିବର୍ଣ୍ଣ ଦିଶୁଛି, ଅଥଚ ମୋ
ପ୍ରମତ୍ତ ମୁଁ କାର କ୍ଷଣ କ୍ଷଣ ମୋ
ଆତ୍ମାକୁ ନିଃସଂକୋଚେ ବେଶ୍ୟା
ପରି ରମଣ କରୁଛି ।।

ଏଡ଼େ ମଂଦ ଭାଗ୍ୟ ମୋର ଅଛି ବୋଲି
ଜାଣିଥିଲେ ଲୁଚିଛପି, ନଇଁ ନଇଁ
ଜିଇବାର ରାହା ଖୋଜିଥା'ନ୍ତି,
ପ୍ରତିଟି କଥାରେ ପାପପୁଣ୍ୟ, ଧର୍ମାଧର୍ମ
ନବିଚାରି ଅନୁଶାସନର ଅର୍ଗଳିରେ
ପେଷି ହୋଇ ସହଜ ସ୍ୱଭାବ ଭାବେ
ଅବଶିଷ୍ଟ ଜୀବନର ଭଲମନ୍ଦ ପାଇଁ

ବଚନବଦ୍ଧ ପିଲାଟି ପରି ଦ୍ୱି-ରଥ
ସମରେ ଆଜୀବନ ମୁହାଁମୁହିଁ
ଏକା ଏକା ଯୁଦ୍ଧ କରିଥାଂତି ।।

ଚିରଦିନ ପାଇଁ ମୋ ଜନ୍ମ ରହସ୍ୟ
ରହସ୍ୟାବୃତ୍ତ ହୋଇ ରହିଥାନ୍ତା,
ଜଳ ସ୍ଥଳ ଆକାଶେ ଅନଳେ
ଦେବେ ଓ ଦାନବେ ମୋର ଆଉ କାହା ପ୍ରତି
ଭୟବି ନଥାନ୍ତା,
ବାରଂବାର ପରାଜୟ ସତ୍ତ୍ୱେ ଘନ ଘୋର
ଜୀବନ ଯୁଦ୍ଧରେ ଉଚ୍ଛଳ
ଏ ପ୍ରାଣ, ପ୍ରପଂଚ ଜଗତରେ ଅହୋଃରାତ୍ର
ଲିପ୍ତ ମୋର ମୂଢ଼ ମନ
ବୁଦ୍ଧି ଓ ଚୈତନ୍ୟ, ଭୂତ ପ୍ରେତ
ଯକ୍ଷ ରକ୍ଷ ନାଗ କୃମି କୀଟ
ପତଂଗ ପର୍ଯ୍ୟଂତ
ପ୍ରତିଟି କୋଷରେ ପରାଜିତ
ପୁରୁଷକାରର ନିଷ୍ଫଳ ଗର୍ଜନ ।।

■

ଅର୍ଦ୍ଧେକ ଜୀବନ ମୋର ନଷ୍ଟଭ୍ରଷ୍ଟ
ଜନନୀ ଜଠରେ, ଅର୍ଦ୍ଧେକ ଜୀବନ
ମୋର ହଂତସତ ମାୟାମୟ କୁରାଳ
ଚକ୍ରରେ, ସକଳ ଦୁର୍ଦ୍ଦିନ ଓ ଦୁର୍ମତି ମଧ୍ୟେ
ମୋର ଜନ୍ମ, ଲାଳନ ପାଳନ ଏକ ନିଶ୍ଚିତ
ଆକସ୍ମିକତା, ପୂର୍ବ ନିର୍ଧାରିତ ଦୁର୍ଲ୍ଲଭ
ଅଂକରେ ବରଫ ମାଛଟି ପରି ଗାଢ଼
ନିଦ୍ରାଯିବା ଅନ୍ୟ ଏକ ଆକସ୍ମିକତା ।।

ମରଲୋକରେ
ମାଟି ଘଟ ଶରୀରର
ଅନ୍ୟ ନାମ ଜୀବନ
ଯେଉଁ ଜୀବନକୁ ଧରିବାଂଧି ରଖିଥିବା
ଏ ଜଗତ୍ ଅଂତିମ ଜଗତ୍ ନୁହେଁ,
ଏ ଜଗତ୍‌ର ଊର୍ଦ୍ଧ୍ୱରେ ଅସଂଖ୍ୟ ମାଳ ମାଳ
ଅକଳନ ଦୃଶ୍ୟ ଅଦୃଶ୍ୟ କଳ୍ପିତ ଜଗତ
କୋଟି କୋଟି ଆଲୋକବର୍ଷରୁ
ଅଂଧକାରାଚ୍ଛନ୍ନ ଛାୟାବୃତ୍ତ ପରି ପ୍ରସ୍ତ ପ୍ରସ୍ତ
ଘେରି ରହିଅଛି
ଓ ଏକ ପ୍ରାୟାଂଧକାର ସୁଡ଼ଂଗର
ଦ୍ୱାର ଦେଇ ଆକାଶେ ବତାସେ
ମହାକାଶେ ଦୃଶ୍ୟ ପରେ ଦୃଶ୍ୟମାନ

ନିତ୍ୟ ରତି ପ୍ରାୟ ଅଭିନୀତ
ହେବାର ଲାଗିଛି ॥

ରକ୍ତ ମାଂସର
ରୋଗ ଶୋକର
ଜରା ଓ ମରଣର
ଏତେ ବକଟେ ଫିନ୍ ଫିନ୍ ନହକା
ଶରୀର, ଚିର ଗୋପନତମ ଦୁର୍ବୋଧ୍ୟ
ଶାସ୍ତ୍ରର ଅର୍ଥ ବୁଝିବାକୁ ଅସମର୍ଥ
ଅପାରଗ, ମାଟି ଘଟ ଶରୀରର
ଅନ୍ୟ ନାମ ଜୀବନ ହିଁ ଜୀବନ ॥

∎

ଯେତେ ନୂଆ ଢ଼ଂଗରେ ଜୀବନ
ବିତେଇଲେ ବି ପରିତ୍ରାଣ ନାହିଁ
ମହା ଜଡ଼ତାରୁ, ଜୀବନ ଯଜ୍ଞର
ଜୁଇ ନିଆଁରୁ, ଯୂପ କାଠରୁ
ଅନିବାର୍ଯ୍ୟ ପ୍ରବହମାନ ଘଟଣାବଳୀରୁ ।।

ମୋ ଅଜ୍ଞତା ଓ ଅସାମର୍ଥ୍ୟପଣିଆର
ଅଂତ ନାହିଁ, ଜୀବନ, ଜରା ଓ ମୃତ୍ୟୁର
ଯୌଥ ଯଂତ୍ରଣାରୁ ମୁକ୍ତି ପାଇବାର
କୌଣସି ସଂଭାବନା ନାହିଁ;
ପରାଜୟ ଗ୍ଳାନି ଅବସାଦ ଅସହାୟତା
ନିଷ୍ଫଳ ପୌରୁଷ, ନିୟତିର ଉପହାସ
ଦୁର୍ଲଂଘ୍ୟ ଦୁର୍ବାର ସମୟ ଦୁର୍ଦ୍ଦିନର କାଳରାତି;
ପ୍ରତିଟି କବିର ଭାଗ୍ୟଲିପି
ଯାହା ଭୋଗ କରିବାକୁ ହେବ
ନିର୍ବିବାଦେ, ନିଃସର୍ତ୍ତରେ, ଅର୍ଦ୍ଧମୃତ ଅବସ୍ଥାରେ
ଏଇ ଜୀବନରେ
ଏଇ ଜୀବନକୁ
ବାଂଧିରଖିଥିବା ପ୍ରତିଟି ଅଣୁରେ
ପ୍ରତି ଚେତନାରେ ।।

ଥରକୁ ଥର
ଯେତେ ରଂଗରେ

ରଂଗୀନ୍ ହେଲେ ବି ଆକାଶ
ଯେତେ ଶବ୍ଦରେ
ଶବ୍ଦାୟିତ ହେଲେ ବି ଇଥର୍
ଯେତେ ଦୁଃଖରେ
ଶୋକରେ, ସଂଭୋଗରେ
ସନ୍ନ୍ୟାସରେ କାକୁସ୍ଥ ହେଲେ ବି
ଶରୀର, ନିରୁପାୟ ହୋଇ
ହାତ ଗୋଡ଼ ଜାକିଜୁକି ଆଣ୍ଠୁ
ସଂଧିରେ ମୁହଁ ଗୁଂଜି ନିଜ
ନିଜର ଭାଗ୍ୟକୁ ଆଦରି ଅପେକ୍ଷା
କରିବାକୁ ହେବ
କାଳ କାଳ ଯାଏଁ,
ଜ୍ଞାତ ଅଜ୍ଞାତ, ଦୃଶ୍ୟ ଅଦୃଶ୍ୟ
ଜଗତ୍‌ପୁଂଜ ବିଚ୍ଛୁରିତ ନହେବା
ଯାଏଁ, ଅକଳ୍ପିତ ରହସ୍ୟ ଅନାବରିତ
ନ ହେବା ଯାଏଁ,
ଅମୋଘ ଆକର୍ଷଣ
ଅଦୃଶ୍ୟ ବଂଧନରୁ
ନିବୃତ୍ତ ନହେବା ଯାଏଁ ॥

ଥରକୁ ଥର
ଗୋଟିଏ ନିଃଶ୍ୱାସରୁ ଅନ୍ୟ ଏକ
ନିଃଶ୍ୱାସ ପର୍ଯ୍ୟଂତ
ସ୍ଥୂଳ ଜଗତର
ଯଂତ୍ରଣା ଓ ଦହନରେ ଯାହା ସଂପୂର୍ଣ୍ଣ
ନିଜସ୍ୱ ଓ ସ୍ୱଅର୍ଜିତ ସଂତୁଳିତ ହୋଇ
ତ୍ରାହି ତ୍ରାହି ଡ଼ାକ ଛାଡ଼ି
ଅପେକ୍ଷା କରିବାକୁ ହେବ

ମୟମୟ ଜଗତରୁ ଚିର ମୁକ୍ତି
ନ ମିଳିବା ଯାଏଁ॥

ପାପ ଭାରରେ ଅଭିଶପ୍ତ ପୃଥିବୀ
ରସାତଳରେ ବିଧ୍ୱସ୍ତ ହେଲେ ବି,
ଗୋଟିଏ ନିରୀହ ନିଷ୍ପାପ
ଜୀବନ ନିଃଶବ୍ଦ ନୀରବତାରେ ନିଶ୍ଚିହ୍ନ
ହେଲେ ବି, ଶତାବ୍ଦୀରୁ ଶତାବ୍ଦୀ
ମନ୍ୱଂତରରୁ ମନ୍ୱଂତର, ବଂଚିବାକୁ
ହେବ ସାକ୍ଷାତ୍ ମୁର୍ଦ୍ଦାର ପରି
ଇହଲୋକରେ ଏକା ଏକା ॥

■

ଜନଶ୍ରୁତିର ନିଂଦିତ ନାୟକ ମୁଁ
ଅପରିପୂର୍ଣ୍ଣ ସଂଭୋଗର ପରିପୂର୍ଣ୍ଣ
ପୁରୁଷଟିଏ ମୁଁ
ଅମଂଗଳ ଆଶଂକା
ଓ ଯୁଗପତ୍ ବ୍ୟଥା
ବେଦନାରେ ଜର୍ଜର
ମୋର ପ୍ରତିଟି ରକ୍ତକୋଷ,
ମୋର ଶିରା ଧମନୀ ମାଂସପେଶୀ
ହୀମଶୀତଳ ଦୁଃଖରେ ଆକ୍ରାଂତ,
ଜରା ବ୍ୟାଧିଗ୍ରସ୍ତ ଦେହ
ବଟପତ୍ର ପରି ଥର ଥର
ଅଶାଂତ, ଅସ୍ଥିର ସମୁଦ୍ରରେ
ଭାସମାନ ଅବସ୍ଥା ହିଁ ଜୀବନ॥

ଦୁର୍ବାର ଅହମିକା
ଦୁର୍ଦ୍ଦଂଡ଼ ରିରଂସା
ସର୍ବନାଶର ବିସ୍ଫାରିତ ବାଡ଼ବାନଳେ
ନିଃଶକ୍ତ ହୋଇଯିବା ହିଁ ଜୀବନ॥

ପ୍ରତିପକ୍ଷକୁ ପ୍ରତିରୋଧ କରିବାର
ଶକ୍ତି ନଥିବ ଯେଉଁଠି ମାଟି ଘଟ
ଶରୀରର,
ଅବ୍ୟର୍ଥ ଜ୍ୟାରୋପଣର ସାମର୍ଥ୍ୟ

ନଥିବ ଯେଉଁଠି ଉଦ୍ଧତ
ପୁରୁଷକାରର,
କ୍ଷମା ଉଦାରତା କରୁଣା ନଥିବ
ସ୍ତରକୁ ସ୍ତର
ଘନୀଭୂତ ହୋଇ
ବିଶାଳ ଭୂଖଂଡ଼
ପରି ବିରାଟକାୟ
କାୟା ବିସ୍ତାରି, ବିସ୍ତୃତରୁ
ବିସ୍ତୃତତର ହୋଇ ରହିଥିବ
ବିଷାଦ ପରେ ବିଷାଦର
ଅପରିମେୟ ବିଷାଦିତ ପାରାବାର ॥

■

ଦିଗଂତ ଦିଗଂତ ବ୍ୟାପୀ
ଶବ୍ଦହୀନ ବର୍ଣ୍ଣହୀନ, ରୂପ
ରସ ହୀନ ବିଷାଦଯୋଗର
ପର୍ବ ଭୂ-ଲୋକେ, ଦ୍ୱି-ଲୋକେ
ନାଗଲୋକେ ଅଭିନୀତ ଯା'ର
ଆଲୋକ ଚିତ୍ର କୁଜ୍‌ଝଟିକା
ପରି ମାୟା ବଳୟରେ ଚିର
ଦୃଶ୍ୟମାନ,ଘଟଣାବିହୀନ
ନିରଳସ ଜୀବନ,
ବହୁ ଯାଦୁକରୀ ଘଟଣାରେ
ପରିପୂର୍ଣ୍ଣ, ଜୀବନ ଓ ମରଣରେ
ସ୍ଥିର ଅମଳିନ॥

ମରଲୋକର ମଣିଷଟି ପାଇଁ
ଯେତେ ସବୁ ଅଚଳଂତି ଶାସ୍ତ୍ର
ଓ ପୁରାଣ, ନୀତି ଉପଦେଶ
ନିରର୍ଥକ, ବିଫଳ ପ୍ରୟାସ
ଜୀବନର ଅୟମାରଂଭରୁ
ମରଣର ଚିତା ଧୂଆଁ ଯାଏଁ
ଅନୁଶାସନର ଦୁର୍ଦ୍ଧର୍ଷ ଅଂକୁଶ॥

କେଉଁ ଯୁଗାବ୍ଧି ପୁରୁଷର
ଦୁଷ୍ଟାର ଅଭିଶାପ ଏ!

କେଉଁ କାଳ କୃତାଂତକର ଗୋପନ
ନିର୍ଦ୍ଦେଶ, ଯୁଗ ଯୁଗାଂତ ଯାଏଁ ଯାହା
ଲିପିବଦ୍ଧ ପ୍ରତିଟି କବିର ଭାଗ୍ୟରେଖାରେ ।।

କବିର ପାପ
ନିଟୋଳ ଅହଂକାରର ପାପ
କବିର ପୁଣ୍ୟ
ନିବିଡ଼ ଆତ୍ମବିଶ୍ୱାସର ପୁଣ୍ୟ
କବିର ଭାଗ୍ୟ
ଅତୃପ୍ତ ପୁରୁଷର ଭାଗ୍ୟ ।।

ଜୀବନ୍ମୃତ ଅବସ୍ଥାରେ କବି
ପାଳନ କରେ
ଦେହ ଓ ଦେହୀର ଧର୍ମ
ସିଦ୍ଧଯୋଗୀ ପରି କବି ପୁଣି
ପ୍ରବଚନ ଦିଏ କେହି କାହାର ନୁହଁ
ମୁଠାଏ ମାଟି ଛଡ଼ା
ନିଜର ହୋଇ କିଛି ନାହିଁ
ପୁଂଜୀଭୂତ ଯଂତ୍ରଣାର
କପଟପାଶରୁ ମୁକ୍ତି ନାହିଁ;

ପାର୍ଥିବ ଜୀବନର ଈପ୍ସା, ଆସକ୍ତି
ଜନ୍ମର ମାଂଗଳିକ ମୁହୂର୍ତ୍ତରୁ
ଦୃଷ୍ଟି ପଥରେ ନିଃଶେଷ ହେବାରେ
ଲାଗିଛି, ଏକଥା ବୁଝି ନବୁଝିଲା
ପରି ପରସ୍ପର ବିରୋଧୀ ଚିଂତାରେ ନିଷ୍କପଟ
ଆତ୍ମା ମୋର
କ୍ଷଣେ କ୍ଷଣ କ୍ଲାଂତ ଓ ଅବଶ ହେଉଛି ।।

■

ଅପରିମେୟ ବିଷାଦରେ ନିପୀଡ଼ିତ
ପୁଣ୍ୟତୋୟା ଜନ୍ମଭୂମି ମୋର,
ଶୌର୍ଯ୍ୟ ଓ ବୀର୍ଯ୍ୟବତ୍ତାରେ ଅନନ୍ୟ ଓ
ବିଶାଳ ତା'ର ଅଂତଃପୁରୁଷ ।।

ପ୍ରଥମ ସ୍ପର୍ଶର ଉନ୍ମାଦନାରେ ପାସୋର
ହୋଇଯାଏ ସନାତନ ଧାର୍ମିକ ଦୀକ୍ଷା,
ପ୍ରବଚନ, ଆସକ୍ତିରେ ଆହ୍ଲାଦରେ
କାମିନୀ କାଂଚନ ମେଳେ ମଦମତ୍ତ
କବି କରେ ବୃଥା ଆସ୍‌ଫାଳନ ।।

କେଉଁ ଐତିହାସିକ ପୁରୁଷର
ଅଭିସଂପାତରେ ଅସ୍ତବ୍ୟସ୍ତ ଅଧୀର
ହୃଦକମଳ,
ସୁଖ-ସଂଭୋଗ ନାହିଁ
ରାଜ ଐଶ୍ୱର୍ଯ୍ୟ ନାହିଁ
ଶାଂତି ଅହିଂସାର ଜୟଜୟକାର
ନାହିଁ, ଆଶା-ଆଶଂକାର ଶେଷ ନାହିଁ
ଅଧିକାର ସାବ୍ୟସ୍ତ କରିବାର
ପ୍ରଶ୍ନ ନାହିଁ, ଦିନ ରାତି ଦଂଡ଼
ପଳ ପକ୍ଷ ମାସ ବର୍ଷ ବର୍ଷ
ଚିର ବିସ୍ମୟରେ ଉନ୍ମୁଖ, ଉତ୍ସୁକ

ଉତ୍କଣ୍ଠ, ଉତ୍ତାଳ ଚେତନାରେ
ପ୍ରତିଧ୍ୱନିତ ଭିନ୍ନ ଏକ ନୂତନ ଜଗତ୍;

ଗୋଟିଏ ସୂର୍ଯ୍ୟାଲୋକରୁ ଅନ୍ୟ ଏକ
ସୂର୍ଯ୍ୟାଲୋକ ଯାଏଁ
ନିଃସପତ୍ନ ପ୍ରେମରେ ଆବିଷ୍ଟ କବି
ପାନକରେ ଆତ୍ମ-ସୁଧା-ମୃତ ।।

ସ୍ୱଭାବେ ତ ରୁଦ୍ର ବେଶ, ଅସ୍ଥିରେ
କବଚ, କର୍ଣ୍ଣରେ କୁଂଡ଼ଳ, ହୃଦରେ
ରୁଦ୍ରାକ୍ଷମାଳ, ରୋମେ ରୋମେ
କଂଦର୍ପର ମନଭେଦୀ ଶର,
ଯନ୍ତ୍ରଣାର ଅବ୍ୟକ୍ତ ଗର୍ଭରେ;
ଶୀତ କାକରରେ କାକୁସ୍ଥ କବିର
ତନୁମନ ଦିନୁଦିନ କ୍ଷୀଣ ।।

ଏ ଏକ ଅପୂର୍ବ ହିଲ୍ଲୋଳମୟ ଅନନ୍ୟ
ଅନୁଭୂତି ଯା'ର ପୁନରାବୃତ୍ତି ନାହିଁ କି
ପରିସମାପ୍ତି ନାହିଁ
କୌଣସି ଶାସ୍ତ୍ରରେ,
ସାନ୍ନିଧ୍ୟରେ,
ସାହଚର୍ଯ୍ୟରେ
କ୍ଲାଂତି ନାହିଁ,
ବିଷାଦ ନାହିଁ,
ମାୟାମୟ ରେଶମୀ ଫାଶରୁ
ଖସିପଳାଇବାର ନାହିଁ,
ନିଃସଂଗ ନିଶ୍ଚୁପ ସତ୍ତା ଅହର୍ନିଶ
ବ୍ୟସ୍ତ ବିବ୍ରତ ଓ ଧରାତ୍ରସ୍ତ ।।

ଅନେକ ଅକୁହା କଥା ଅପ୍ରକାଶ୍ୟ
ରହିଗଲା ଏଇ ଜୀବନରେ,
ଜନ୍ମେ ଜନ୍ମେ
କଳ୍ପେ କଳ୍ପେ
ପଂଚଭୂତ ପ୍ରାଣ ମୋର ଛଟପଟ
ହେଉଥିବ ଅଦ୍‌ଭୁତ ଢଙ୍ଗରେ
ଈଷତ୍ ପାଂଡୁର ହସ ଅସତର୍କ
ମୁହୂର୍ତ୍ତରେ ଝରିପଡୁଥିବ ମୁଦ୍ରିତ
ଓଠରୁ ଚିର ବିସ୍ମୟରେ ॥

ଆଜନ୍ମ ଆକାଂକ୍ଷାର ଆତ୍ମବିଶ୍ୱାସରେ
ବହୁ କାଳରୁ ବହୁ ଯୁଗରୁ
ତୁମ ଫେରିବାର ବାଟକୁ ଚାହିଁ
ବସିଛି ନିର୍ନିମେଷ ନୟନରେ
ଆହତ ଅଭିମାନରେ,
କଳାଗୁମର ମେଘ ଖଂଡ଼ ପରି
ସତେକି ମୁଁ ବର୍ଷିଯିବି ଶ୍ୟାମଳ
ଗୋଲକରେ, ଶବ୍ଦଟିଏ ବି ଉଚ୍ଚାରିତ
ହେବ ନାହିଁ ଶ୍ରୀମୁଖରୁ, ଅକ୍ଷର
ବୋମାରେ ବିକଳାଂଗ କରିବିନି ମୃଣ୍ମୟ ମୂର୍ତ୍ତିକୁ,
ବିଷାଦମୁକ୍ତ ଜୀବନ ପାଇଁ କେତେ
ଯତ୍ନ କରୁଥିବି ବିଦାୟ ବେଳାରେ ।।

ଭାଗ୍ୟ ଓ ମଣିଷର ମିଳିତ ଅବିଚାର
ସତ୍ତ୍ୱେ ଥରକୁ ଥର ମୁକ୍ତି ପାଇବାକୁ
ଉପାୟ ଖୋଜୁଥିବି, ଲହୁଲୁହାଣ
ହେଉଥିବି, କଳ୍ପିତ ଅପରାଧ ଓ
ଅଲଂଘନୀୟ ନିୟତିର
ବିଶ୍ୱାସଘାତକତାରେ କ୍ଷତ ବିକ୍ଷତ
ହେଉଥିବି ଜୀବନ - ଯୁଦ୍ଧରେ
ସାରା ଜୀବନ କାଳ
ସାରା ମରଣ କାଳ ।

ତଥାପି ମୁଁ ନମରି ବଂଚିଛି, ବଂଚି
ରହିଛି ପ୍ରଳୟ ପ୍ରୟୋଧି ଜଳେ
ଉବୁଟବୁ ହୋଇ କେଉଁ ନିତ୍ୟ -
ନୂତନ ସୂର୍ଯ୍ୟର ସ୍ୱାଗତିକା ପାଇଁ॥

ଜନ୍ମଲଗ୍ନଠାରୁ ଭଲକରି ଜାଣିଛି
ମୁଁ, ମୁଁ କ୍ଷଣକର ଅଂଶବିଶେଷ,
ମୁହୂର୍ତ୍ତର ମୁହୂର୍ତ୍ତ, ସଂଭାବନାର
ସଂଭାବନା, ଆଦ୍ୟ ଆଷାଢ଼ର ଭାରି
ଜଳବିନ୍ଦୁ ପରି ଝଲମଲ ସ୍ୱପ୍ନ ଓ
କାମନା, ମହାକାଳର ମୁଁ ଏକ
ଝଲକ, ଏକ ଅଧୋମୁଖୀ ଉଲ୍‌କାପାତ
ଚାବିଦିଆ କଂଢ଼େଇଟି ପରି
ଫକ୍‌ଫକ୍ ଉଦାତ୍ତ ଜୀବନ,
ବିଧିଦତ୍ତ ମୂଲ୍ୟବୋଧ ପାଇଁ
ଶଙ୍କମୟ ସ୍ଥିତିର ମୂଲ୍ୟହୀନ ମୂଲ୍ୟାଂକନ॥

ବିବେକର ଦଂଶନରେ ଘନଘନ ଆଂଦୋଳିତ
ପ୍ରଶ୍ନ କରେ ପ୍ରଶ୍ନ, ଶତ ସହସ୍ର ପ୍ରଶ୍ନ-
ବାଣରେ ଦଗ୍‌ଧ, କ୍ଷତବିକ୍ଷତ, ରକ୍ତାକ୍ତ
ସଂତପ୍ତ ଜୀବନ,
ଶରାଘାତ ପକ୍ଷୀ ପ୍ରାୟ ଆଧିଭୌତିକ
ଦୁଃଖରେ, ନିଜ ଭିତରେ ନିଜେ

ଆତ୍ମଲୀନ, ସଂଦିଗ୍‌ଧ ମନ ଓ ହୃଦୟ,
ଅସମାହିତ ଭାଗ୍ୟଲିପି ପରି ସାରା
ଜୀବନ ଭୀତତ୍ରସ୍ତ,
ହଃ- ହତାଶମୟ॥

କି ଭିନ୍ନ ଉପାଦାନରେ ଗଢ଼ା ମୋର
ପିତୃଦତ୍ତ ଅଭିଶପ୍ତ ପ୍ରାଣ, ଆଚରଣ
ଓ ଉଚ୍ଚାରଣରେ ବ୍ୟାକୁଳ ହୃଦୟ ପରି
ଦୋଦୋପାଂଚ ମନ ଓ ଚୈତନ୍ୟ,

ଅଜ୍ଞାତ ରହସ୍ୟରେ ରହସ୍ୟାବୃତ୍ତ ଅଦୃଶ୍ୟ
ବଂଧନ, ଅମଂଗଳ ଆଶଂକାରେ ଭୂତ,
ଭବିଷ୍ୟ ଆଚ୍ଛନ୍ନ ।।

ପୂର୍ଣ୍ଣ ବିଷାଦମୁକ୍ତ ଜୀବନ ସାଧ୍ୟାତୀତ
ମର ଜଗତରେ, ଆତ୍ମା ଓ ଶରୀର
ବାରଂବାର ପିଷ୍ଟ ଏଠି ଜୀବନ ଯାତ୍ରାରେ,
ଅନତିକ୍ରମ୍ୟ ନିଷ୍ଠୁର ନିୟତି !

ଆନଂଦ ଆଲୋକହୀନ ଅସୀମ ଅଂଚଳ,
ଅର୍ଦ୍ଧାଲୋକିତ ମାୟା ବଳୟରେ
ଅସହାୟ ମର ମଣିଷର ସ୍ଥିତି,
ଦିନୁଦିନ ନଷ୍ଟ ପଳପଳ ।।

ପରିପୂର୍ଣ୍ଣ ଆନଂଦରେ ଭରପୁର ସୁସ୍ଥ
ସୁଂଦର ହୃଦୟଟିଏ ବା' କାହିଁ ?
କୁନି କୁନି ଆଶା
କୁନି କୁନି ସ୍ୱପ୍ନର

ସାର୍ଥକ ସବୁଜିମା ବା' କାହିଁ ? କାହିଁ
ସେଇ ସୁଦୂର ସ୍ୱପ୍ନାୟିତ ଚିରଂତନ
ଆଲୋକର ଉତ୍ସ
କାହିଁ ସେଇ ଅର୍ଦ୍ଧତଂଦ୍ରା, ଅର୍ଦ୍ଧ ଜାଗରିତ
ମୃଣ୍ମୟ ସାନ୍ନିଧ୍ୟ !

ପାଦଟିଏ ଆଗେଇବା, ଦୁଇପାଦ ପଛକୁ
ଫେରିବା, ଏତିକି ହିଁ ମୃତ୍ୟୁରେଖା ପରି
ଦୃଢ଼ ଓ ନିଶ୍ଚିତ
ମାୟାମୟ ଈଶ୍ୱରଙ୍କ ମୃଦୁ ପରିହାସ ॥

ଭାଗ୍ୟରେଖାର କି କରୁଣ ବିଡ଼ଂବନା
ଦୁର୍ଭାଗ୍ୟର ଦୁରାଗ୍ରହେ ଜ୍ଞାତସାରରେ
ଘାତ ପ୍ରତିଘାତର ନିର୍ମମ ତାଡ଼ନା
କାମନା ବାସନା ଛାୟାଚିତ୍ର ମାୟାବଳୟରେ
ଆପେକ୍ଷିକ ସତ୍ୟ ଭିନ୍ନ ଅନ୍ୟ ସତ୍ୟ
ନାହିଁ ଏ ଭବଲୋକରେ ।

ଆତ୍ମବିକାଶର ସଂଭାବନା ନାହିଁ, କି
ଆତ୍ମୋନ୍ନତିର ମାର୍ଗ ଦିଶୁନାହିଁ ଆଧ୍ୟାତ୍ମିକ
ଜୀବନର ଅଭିନବ ସଂସ୍କରଣ ଏଯାବତ୍
ଲିପିବଦ୍ଧ ହୋଇନାହିଁ କୌଣସି ଗ୍ରଂଥରେ ।।

ଯନ୍ତ୍ରଣାର ହଳାହଳ ସତ୍ତ୍ୱେ ଏ ଜୀବନ
ସ୍ୱପ୍ନିଳ ବର୍ଣ୍ଣାଢ୍ୟ,
ଏ ଜୀବନ ଚରମ
ବିଫଳତାର ଦୀର୍ଘତମ ବନବାସ,
ନିଜ ଅଜାଣତେ ପ୍ରତି ସ୍ନାୟୁ ଓ ତଂତ୍ରୀରେ
ଶକ୍ତିମାନ୍ ଆସୁରିକ ପୁରୁଷର ଉଲ୍ଲଂଗ ଉଲ୍ଲାସ ।।

ଚର୍ମାଚ୍ଛାଦିତ ଚଉରାଶିକୁ ମୋର
ମଂଦଗ୍ରହ ପରି ଅଶରୀରୀ ସତ୍ତାଟିଏ
ଗ୍ରାସୁଅଛି ପ୍ରତି ପଲକରେ

ପ୍ରତି ପଲକରେ ମୋର ବିଷମ
ବିମର୍ଷ ଭାବ,
ପ୍ରତି ଗତି ଶିଥିଳ ନିଶ୍ଚଳ
ପ୍ରତି ପ୍ରସ୍ଥାନର ଦ୍ୱାର ଅବରୁଦ୍ଧ
ପ୍ରହେଳିକାମୟ ।।

ଜାଗୃତି ଓ ଅଭିବ୍ୟକ୍ତି,
ଐହିକ ପ୍ରେରଣା,
ଭାଗବତ ସ୍ପର୍ଶ ଓ ସାନ୍ନିଧ୍ୟ
ଓ ମାନବୋତ୍ତର ପ୍ରଜ୍ଞାର ପୃଥିବୀ
ପାଇଁ କେତେ କେତେ ନିର୍ଦ୍ଦେଶନାମା
ବିଧିବିଧାନ, ନୀତି ଓ ଅନୀତିର ଅଖଂଡ଼
ସଂଘର୍ଷ, ନିର୍ମମ ଅନୁଶାସନ
ଅକପଟ ବିସ୍ମୟ ଓ ରହସ୍ୟମୟ
ରହସ୍ୟର ଆତ୍ମୋପଲବ୍ଧିରେ
ସ୍ମୃତି ବିଭ୍ରମ ।।

ଉଚ୍ଚାଶା ଉଦ୍ୟମ ନାହିଁ, ଶଂକା,
ଓ ସଂକୋଚ ନାହିଁ, କାହା ପ୍ରତି ଈର୍ଷା

ନାହିଁ, ଅନିର୍ବଚନୀୟ ମାଧୁର୍ଯ୍ୟ
ଭାଗ୍ୟରେ ନାହିଁ,
ଲାଂଛନା ଓ ବ୍ୟଂଜନାରେ ଚିତ୍ରାର୍ପିତ
ଭାଗ୍ୟ ମୋର,

ପ୍ରତି ଆୟୁ ମୃତ୍ୟୁରେ
ତଲ୍ଲୀନ,
ପ୍ରତି ମୃତ୍ୟୁ ସର୍ବନାଶୀ ମୃତ୍ୟୁ,
ମହାଯାତ୍ରାର ଅନ୍ତିମ ସୋପାନ ।।

ଦିଗଦିଗନ୍ତରେ, ଅକଳ୍ପିତ ଦୃଶ୍ୟରେ
ବିଦ୍ୱେଷରେ କଳାକୃଷ୍ଣ ମେଘ ସମାଛନ୍ନ
ମୃତ୍ୟୁ ଆସନ୍ନ
ଅବର୍ଣ୍ଣନୀୟ ନିଶ୍ଚଳ ନୀରବତା,
ଦୈବୀ ଅଭିସଂପାତ,
ବସ୍ତୁତଃ, ଏହାହିଁ ମୋର ଭାଗ୍ୟ ।।

ମୋର ଅକ୍ଷମତାକୁ କ୍ଷମାକର
ଦଶଦିଗପାଳ,
ମୋର ଅସ୍ୱାଭାବିକ
ନୀରବତା,
ଶୂନ୍ୟଗର୍ଭ ଅହଂକାର ଓ ମହାନ୍
ଔଦାର୍ଯ୍ୟକୁ କ୍ଷମାକର ପ୍ରମତ୍ତ ଈଶ୍ୱର
କର୍ମରେ ହିଁ ମୋର ଆଜନ୍ମ ଅଧିକାର
ମୁଁ କର୍ମର ଉତ୍ତରଦାୟାଦ ।।

ସମୟ ବୃକ୍ଷର ଏକ ପାଂଡୁର
ବିବର୍ଣ୍ଣ ଛାୟା, ଆଜି ଅଛି, କାଲିକୁ
ନଥିବି, ମୋର ଥିବା ନଥିବାକୁ କେନ୍ଦ୍ର
କରି କେତେ କ'ଣ ଘଟୁଥିବ ଦୃଶ୍ୟ-

ଲୋକରେ, ଘଟଣାଚକ୍ରରେ;
ନିଷ୍ପ୍ରଭ ଦୃଷ୍ଟି ବଳୟରେ;

ମନ ଓ ଶରୀର
ଶୃଂଗାରର ମଧୁଭାଂଡ଼
କୁଂଭୀପାକ ନର୍କ
ଜରା ଓ ମରଣ
ଦୁର୍ଦ୍ଦଶା ଓ ଦୁରବସ୍ଥା
ଥିବ ମୋ ଭାଗ୍ୟରେଖାରେ ॥

ପ୍ରତିଟି ମୃତ୍ୟୁରେ ଆୟୁ ଦୀର୍ଘ
ହେଉଥିବ, ବଂଧନମୁକ୍ତ ସମୟ
ବେପରୁଆ ଭାବେ ମୋ ଆଖି
ଆଗରେ ସଦର୍ପରେ ମାଡ଼ିଚାଲିଯିବ ॥

■

ମୁଁ କ୍ଲାଂତ, ଭୀଷଣ ଅବଶ, ମୋ
ଭାଗ୍ୟରେଖାକୁ ନିଭେଇବା ଅସହଜ
ଦୁର୍ଲ୍ଲଭ ଆରୋଗ୍ୟମାଳା ମୋ ପାଇଁ
ଦୁଷ୍ପ୍ରାପ୍ୟ, ବ୍ୟର୍ଥତା ଅପଯଶ
କୁତ୍ସା ଓ ଲାଞ୍ଛନା ମଧ୍ୟେ ବ୍ୟାବହାରିକ
ଯାଂତ୍ରିକ ଜୀବନ
ଏଇତ ମୋ ଭାଗ୍ୟ ।।

ସମୟର ମଧୁବନରେ ଖୋଜାଲୋଡ଼ାର
ଔପଚାରିକତା, ଅଂଧ ବାତ୍ସଲ୍ୟରେ
ଭରପୁର ବାଲ୍ୟ ଚପଳତା, ଦିବ୍ୟ ମଂଗଳ
ମାଲ୍ୟ, ରକ୍ତଚନ୍ଦନରେ ଚର୍ଚ୍ଚିତ ମୋର
ଫଟା କପାଳ, ନିଜ ଅପାରଗତାର ନିର୍ଲ୍ଲଜ
ସ୍ୱୀକାରୋକ୍ତି, ନିଜକୁ ନିଜେ ସାନ୍ତ୍ୱନା
ଦେବାର ବୃଥା ଅପଚେଷ୍ଟା
ଏହାହିଁ ମୋ ଅବଧାରିତ ଭାଗ୍ୟ ।।

ତଥାପି ଘଟରୁ ଘଟ
ଦୃଶ୍ୟରୁ ଦୃଶ୍ୟ, ଇହଲୋକରୁ
ପରଲୋକ ଯାଏଁ ଲହୁଲୁହାଣ
ହୋଇ ଖୋଜାଲୋଡ଼ା ଚାଲିଥିବ
ଦୁର୍ନିବାର ବିଫଳତା ସତ୍ତ୍ୱେ
ଭାବାବେଗକୁ ସଂକୁଚିତ କରି

ତ୍ରାହି ତ୍ରାହି ଡାକ ଛାଡ଼ି ଯାତ୍ରା
ପଥରେ ଏକା ଏକା ଚାଲିବାକୁ ହେବ ।।

ଶବ୍ଦର ଉର୍ଦ୍ଧ୍ୱରେ ମୁଁ ନାହିଁ
ଶବ୍ଦର ନିମ୍ନରେ ମୁଁ ନାହିଁ
ଶବ୍ଦମୟ ପୁରୁଷର ଅଂତଃକରଣରେ
ଜୀବନ ଓ ମୃତ୍ୟୁର ମଧ୍ୟବିଂଦୁରେ
ଶୂନ୍ୟ ପାତ୍ର ପରି ସ୍ଥିତି ନିମିତ୍ତମାତ୍ର ।।

ମୁଁ ନିରବ ମୂକସାକ୍ଷୀ ଅଚଳାଚଳ
ପୃଥ୍ୱୀର, ମାୟା ମମତାର ବଂଧନ
ଶିଥିଳ, ଭୋଗ, ଉପଭୋଗର ମହାବସାନ
ଅଭୂତପୂର୍ବ ନୂତନ ଅନାବିଷ୍କୃତ
ଅଧ୍ୟାୟର ପୂର୍ବାଭାଷ,
"ପୁନରପି ଜନନଂ, ପୁନରପି ମରଣଂ"
ନିରବଧି କାଳସ୍ରୋତରେ ଭାସମାନ
ଅବସ୍ଥା ହିଁ ଜୀବନ
ଅନିଶ୍ଚିତ ଭବିଷ୍ୟତ୍‌ଠାରୁ ନିଶ୍ଚିତ
ବର୍ତ୍ତମାନର ଭୟରେ ଭୟଭୀତ
ବହୁଧା ବିଭକ୍ତ ନିରୁତା ଜୀବନ ।।

ବାକ୍‌ଶକ୍ତି କ୍ଷୀଣରୁ କ୍ଷୀଣତର
ବାଗାର୍ଥର ଅର୍ଥ ଭିନ୍ନ, ଶବ୍ଦଟିଏ
ଯୋଡ଼ିବାର ନାହିଁ
ଶବ୍ଦଟିଏ କାଟିବାର ନାହିଁ, ମହାକାଳର
ଅନଂତ ଗର୍ଭରେ ଦିନୁଦିନ ବିଲୀନ
ମହାର୍ଘ ଜୀବନ ।।

■

ଯେତେ ବାଗରେ କହିବାକୁ ମନ
କଲେ ବି ତଥାପି ଅପୂର୍ଣ୍ଣ ରହିଯାଏ
କଥା, ଗୋପନତମ ସତ୍ୟ ପରି ଗୂଢ଼
କଥାଟି ଆଦୌ କହି ହୁଏନି
ଶେଷ କଥା ପଦକ କହିବାକୁ ଯଥାର୍ଥ
ଶବ୍ଦ ମିଳେନି
ମୃତ୍ୟୁଠାରୁ ଯଂତ୍ରଣାଦାୟକ ଯେଉଁ
ଦୁଃଖ ସେଇ ଅପ୍ରତିହତ ଦୁଃଖଦ
ଖାଂଡ଼ବ ବନରେ, କୁଜ୍‌ଝଟିକାମୟ
ମାୟା ମଂଡ଼ଳରେ, ଆତ୍ମଶ୍ଳାଘାରେ
ସ୍ୱେଚ୍ଛାକୃତ ନିର୍ବାସନରେ ଅପନିଂଦିତ
ଭାଗ୍ୟ ନେଇ ଏକୁଟିଆ ବଂଚିବାକୁ ହେବ
ସବା ଶେଷ କଥା ପଦକ
ନ କହିବା ଯାଏଁ ।।

ଶେଷ କଥା ପଦକ ନକହିବା ଯାଏଁ
ବଂଚି ରହିବାକୁ ହେବ ଅଖଂଡ଼
ଅବର୍ଣ୍ଣନୀୟ ନିରବତାର ବୁଢ଼ିଆଣୀ
ଜାଲ ଭିତରେ, ନିଃଶ୍ୱାସ ଥିବା ଯାଏଁ
ଏଇ ଦେହ ଥିବ; ମନ ଥିବ
ପ୍ରତିଟି ସ୍ନାୟୁରେ କାମନା ବାସନା ଥିବ
ବ୍ୟାଧି ଓ ଯନ୍ତ୍ରଣା ଥିବ; ଆଶା ଓ ପ୍ରତ୍ୟାଶା

ଥିବ; ଜୀବନ ମୃତ୍ୟୁର ଆଦିଅଂତହୀନ
ଲୁଚକାଲି ଖେଳ ଚାଲିଥିବ
ଦୃଶ୍ୟ ଜଗତରେ ॥

ଶୋକ କାହିଁ ?
ମୋହ ମାୟା କାହିଁ ?
ଆନଂଦ ଉଲ୍ଲାସ କାହିଁ ?
ଭାଗ୍ୟର ଅଂଧାରି ଘରେ ଅସରପା
ପରି ଫଙ୍କ୍ ଫଙ୍କ୍ ଡେଇଁବା ହିଁ ଜୀବନ;
ନାଗଫାଶ ବଂଧନରେ ଜୀବନକୁ ବାଂଧିବୁଂଧି
ରଖିଥିବା ରକ୍ତମାଂସର ପୂତିଗଂଧମୟ ଶରୀର
ବିପୁଳ କାଳସ୍ରୋତରେ ନାଶଶୀଳ, କ୍ଷୀଣ
ଓ ମଳିନ, ଶୁଖିଲା କାଠ ଖଂଡ଼େ ପରି
ହୁତ୍ ହୁତ୍ ଜଳୁଥିବା ଜୀବନର ପ୍ରତି
କ୍ଷଣ ଶୋକରେ ବିଷଣ୍ଣ ॥

ଭାଗ୍ୟ ମୋର ଚରମ ଦୁର୍ଭାଗ୍ୟ
କଳୁଷ ମୁକ୍ତ ଜୀବନ ସାଧ୍ୟାତୀତ
ଦୁର୍ଜ୍ଞେୟ ବାକ୍ୟ ଓ ବକ୍ତବ୍ୟ
ଅଖଂଡ଼ ଅଂଧକାର ହିଁ ପୂର୍ଣ୍ଣ
ବିଶ୍ରାମସ୍ଥଳ,
ଥରକୁ ଥର
ନିଜ ଅଜ୍ଞାତରେ ସତ୍ୟ ଉଲ୍ଲଂଘନ
ପୂର୍ବଜନ୍ମାର୍ଜିତ କର୍ମଫଳ ମୋର
ପ୍ରାପ୍ୟ, ମୋର ଅଧିକାର
ବିସ୍ରସ୍ତ ବାସରେ ଚିରକାଳ ରିକ୍ତ ଓ ନିର୍ବାକ୍ ॥

ଏ କଣ ମହାପ୍ରଳୟର ପୂର୍ବାଭାସ ?
ନା ସର୍ବାତ୍ମକ ବିଲୟର ଦୃଶ୍ୟ
ନା ମଣିଷ ଜାତିର ଶୋକାବହ
ଅଧଃପତନ, ନା ନୈତିକ
ଜୀବନଚର୍ଯ୍ୟାର ଅଂତିମ ବିଲୁପ୍ତି ? ?
ପ୍ରତିପକ୍ଷ ନିରୁତ୍ତର
ନୀରବତାର ସୁଦୀର୍ଘ ଇସ୍ତାହାର
ଧୂସର ମୃତ୍ୟୁର ମୁଖ ଗହ୍ବରରେ
କଳ୍ପିତ ସ୍ବର୍ଗ କ୍ଷୁଦ୍ର, ଅକୁଳାନ ॥

ଗତାନୁଗତିକ ଜୀବନ
ଅସଂଯତ; ଅନିୟମିତ, ଅବ୍ୟକ୍ତ

ଯଂତ୍ରଣାର ଘନଘଟା
ଶିଥିଳ କାଳ
ନୀଳାଭ ନିଷ୍ପ୍ରଭ ଅନୁଭବର
ପୃଥିବୀ ଏକ ଅବରୁଦ୍ଧ ବଂଦିଶାଳା
ପ୍ରବଳ ନୀଳ ଅତ୍ୟାଚ୍ଚର
ଆଶ୍ଚର୍ଯ୍ୟ-ବିସ୍ମୟ ନକ୍ଷତ୍ରର ରାତି
ସ୍ଥିର, ନିଥର
ଦୀର୍ଘ, ଘନୀଭୂତ ॥

ଏଇ ଅଶୁଭ ଲଗ୍ନରେ ଦୁର୍ଭାଗ୍ୟ କ'ଣ
ଆସିବାର ଥିଲା ? ଦୁର୍ଭାଗ୍ୟ ଆସିବା
ଯଦି ଅନିବାର୍ଯ୍ୟ ବରଂ ଆସିଥାଂତା
ମୁଁ ଅଜ୍ଞାତ, ଅପରିଚିତ ଥିଲାବେଳେ
ମାତୃଗର୍ଭରୁ ପ୍ରଥମ ପାଦ ମାଟିକୁ ସ୍ପର୍ଶ
କଲାବେଳେ, ଅଥଚ କି ମଂଦ ଭାଗ୍ୟ
ମୋର ? ଉନ୍ମତ୍ତ ଭାବୋଚ୍ଛ୍ୱାସରେ ଟଳମଳ
ହେଉଥିଲା ବେଳେ ଅଂଗୀକାରବଦ୍ଧ
ଜୀବନ ବଂଚିବା ପାଇଁ ଯତ୍ନ କଲାବେଳେ
ଦୁର୍ଭାଗ୍ୟ କ'ଣ ଆସିବାର ଥିଲା ? ॥

■

ଉତ୍ତରଣ ପାଇଁ ପ୍ରୋତ୍ସାହନ କାହିଁ ?
ଦୁଃଖରେ, ଦୁଃସମୟରେ ସମଦୁଃଖୀ
ହେଲାପରି ନିଃସ୍ୱାର୍ଥପର ବଂଧୁଟିଏ କାହିଁ ?
ବିଶୁଦ୍ଧ ନିର୍ମଳ ପ୍ରେମ କାହିଁ ?
ଏ ଜୀବଦ୍ଦଶାରେ ଆଉ କିଛି ସଂଭବତଃ
ମିଳିବାର ନାହିଁ ॥

ଅନଂତ ଦୁଃଖରୁ ପରିତ୍ରାଣ ନାହିଁ
ଯୁଆଡ଼େ ଦେଖ, ନିଗଡ଼ ଅଂଧାର
ପରି ବିଷାଦ, ବିଷାଦ
ମଝିରେ ମଝିରେ ଭାସମାନ ପୋଲ
ପରି ଅବାସ୍ତବ ଉଚ୍ଚ ଆଶା
ଅବର୍ଣ୍ଣନୀୟ ଦୁର୍ଦ୍ଦଶା, ନିଷ୍ଠୁର
ପରିହାସ, ସୁଖରେ ଦୁଃଖରେ
ପ୍ରେମରେ ଅନୁରାଗରେ, ସ୍ମରଣୀୟ
ଦିନମାନଙ୍କରେ ଅଭିଶପ୍ତ ଜୀବନ
ତଥାପି ଉଚ୍ଚାଟ ॥

ଜଟିଳ ଶବ୍ଦାବଳୀର ନିରର୍ଥକ
ଅପପ୍ରୟୋଗ, ଦୁର୍ବାର ଅସ୍ଥିରତା
ନୈତିକ ଦ୍ରୋହ
ଅରାଜକତାର ଶୀତଳ ଯୁଦ୍ଧରେ
ଛଂଦପତନ ଅନିବାର୍ଯ୍ୟ

ବିଶ୍ୱାସ ଓ ଆଦର୍ଶର ମହାନୁଭବତା
ସଂପୂର୍ଣ୍ଣ ବିଲୁପ୍ତ, ଅସଂଲଗ୍ନ
ବାଧ୍ୟ-ବାଧକତା, କରୁଣ ଦୀର୍ଘଶ୍ୱାସ, ଭୋଗ
ଓ ସନ୍ନ୍ୟାସର ମଧ୍ୟବିଂନ୍ଦୁରେ ପ୍ରଲୁବ୍ଧ
ଜୀବନର ଅଂତିମ ଅବଶେଷ ॥

ଜୀବନ ଯେତେ ଦୁଷ୍କୃତିପୂର୍ଣ୍ଣ ମନେହେଲେ
ବି ମୋର ପ୍ରିୟ, ପ୍ରିୟତମ
ମୁଁ ଅଂଗୀକାରବଦ୍ଧ ଏଇ ଜନ୍ମ ପାଇଁ
ନିଜ ପାଖେ, ଏହା ମୋର ଆତ୍ମିକ ସିଦ୍ଧାଂତ ॥

ନିସ୍ତେଜ ମହମବତିର କରୁଣ ଦୀର୍ଘଶ୍ୱାସ
ପରି ସମୟର ମଧୁବନରେ ବିରାଜମାନ
ଏଇ ଜୀବନ, ଘଡ଼ିକର ନିଃଶବ୍ଦ
ସଂଭୋଗରେ, କୂଟ କପଟର ମାୟାଫାଶରେ
ନିଷ୍ଠା ଓ ଆଦର୍ଶ ସମ୍ପୂର୍ଣ୍ଣ ବିଲୀନ ॥

କେଉଁ ଐଶୀଶକ୍ତିର ଅନୁଚ୍ଚାରିତ ଆଶୀର୍ବାଦ
ନା, ଦୁର୍ନିବାର ଅଭିଶାପ ଏ ?
ଯା'ର ସଫଳ ନିର୍ଦ୍ଦେଶନାମାରେ ମୁଁ
ବାରଂବାର ଲକ୍ଷ୍ୟଚ୍ୟୁତ, ହତଭଂବ, ସ୍ଥାଣୁ
ଓ ବିମୂଢ଼, ତଥାପି ମୋ ମନପକ୍ଷୀ
ଦୁର୍ଭାଗ୍ୟର ଡାଳେ ବସି ସ୍ୱପ୍ନ ଦେଖେ
ଅନ୍ୟ ଜଗତର, ଯେଉଁଠି ମାଟି ଓ
ଆକାଶ ପରସ୍ପରେ କୋଳାଗ୍ରତ ଚିନ୍ମୟ
ସତ୍ତାର ଚିରଂତନ ଅପରୂପତାରେ ॥

ମୃତ୍ୟୁଲୋକର ଦୁର୍ବାର ଆକର୍ଷଣରେ
ମୋହଗ୍ରସ୍ତ ଚିର ଉଦାସୀ ମନ

ସୁଖ ଓ ପ୍ରାଚୁର୍ଯ୍ୟର ସଂଭାବନାରେ ବିଭୋର
ଦୁଃଖର ଦୃଢ଼ତାରେ କାତର, ଆକୃତି ଓ
ଅର୍ଥବୋଧରେ ଏକ ଓ ଅଭିନ୍ନ ॥

ମିଂଜି ମିଂଜି ଜଳୁଥିବା ଦୀପଶିଖା ପରି
ଏଇ ମୃତ୍ୟୁଲୋକ, ରହସ୍ୟର ରହସ୍ୟରେ
କେତେବେଳେ ଘନୀଭୂତ, ପୁଣି କେତେବେଳେ
ପରିପୂର୍ଣ୍ଣ ସ୍ୱତଂତ୍ର ଏକକ ॥

■

ମୃତ୍ୟୁ ଆସିବାର କଥା ଯଦି ଆସୁ ସହଜ
ସରଳ ଭାବେ, ଅନୁଗତ ବଂଧୁ ଭାବେ
ନିରବତାର ନିଃଶବ୍ଦ ଛନ୍ଦରେ, ପ୍ରତି
ମୃତ୍ୟୁରେ ନୂଆ ଜୀବନର ଅୟମାରଂଭ,
ପ୍ରତି ମୃତ୍ୟୁ ଜୀବନ ପରି ମଧୁର ଓ
ଲୋଭନୀୟ, ଅବିଚ୍ଛେଦ୍ୟ ଅଂଶବିଶେଷ ॥

ପ୍ରତି ମୃତ୍ୟୁରେ ପୁରୁଣା ମୁହଁଟିଏ ଲୁଚି
ଯାଏ, ନୂଆ ମୁହଁ ମୁରୁକି ହସେ
ଥୁଂଟା ଗଛରେ ନୂଆ ନୂଆ ପତ୍ର କଅଁଳେ
ଶ୍ୟାମଳ ସବୁଜିମାରେ ଦୃଶ୍ୟ ଜଗତ
ଭରିଯାଏ, ଜୀବନ ଏକ ଅନୁପମ ଉପବନରେ
ରୂପାଂତରିତ ହୁଏ ॥

ନୂଆ ଜୀବନଟିଏ ରକ୍ତନାଡ଼ କାଟି
ଜନ୍ମନେଲା ବେଳକୁ ଶୁଖିଲା ପତ୍ରସବୁ
ଥୁଂଟା ଗଛରୁ ଝଡ଼ିପଡ଼ିବ, ନୂଆ ନୂଆ
କଅଁଳିଆ ପତ୍ରଙ୍କ ଭିଡ଼ରେ,
ନିତ୍ୟନୂତନତାରେ ଘରିଆଡ଼ ଝଲସି
ଉଠିବ ପୁଣି, କୋଳାହଳରେ
ପୁଣି ବାଦ ବିସଂବାଦରେ
ସୁବିପୁଳ ଅଜ୍ଞାତ ଜଗତଟିଏ ଅଂଧାରର
ଜରାୟୁ ଚିରି ଅଘନକ ଜନ୍ମ ନେବ ॥

ମଧୁର ମଧୁର ପ୍ରେମର ଆକର୍ଷଣରେ
ମୋହଗ୍ରସ୍ତ ନିରଳସ ଅବାଧ୍ୟ ମନ
ଅଭାବନୀୟ ଘଟଣାର ଘନଘଟାରେ
ଅହରହ ଅସ୍ତବ୍ୟସ୍ତ
କାଳଚକ୍ରର ଆବର୍ତ୍ତରେ କ୍ରୋଧରେ
ଉନ୍ମୁଖ, ଶୋକରେ ଅଧୀର, ଦୁଃଖରେ
ନିଶ୍ଚଳ, ଆସନ୍ନ ମୃତ୍ୟୁର ଦୃଢ଼ ବଳୟରେ
ଶୋକାଭିଭୂତ ଅବ୍ୟବସ୍ଥିତ ଚିତ୍ତ
ତଥାପି ଅନୁରାଗରେ, କୋମଳ ବାତ୍ସଲ୍ୟର
ବଂଧନରେ ନିତ୍ୟ ପ୍ରମତ୍ତ ॥

ମୃତ୍ୟୁ କ'ଣ ସତକୁ ସତ ଏକ
ମହାନୁଭବ କଳ୍ପକଳ୍ପାନ୍ତରର ମଣିଷଙ୍କ
ପାଇଁ! ମୃତ୍ୟୁ କ'ଣ ସତକୁ ସତ ଏକ
ସହଜ ମାଧ୍ୟମ ଇହ ପରକାଳର ଅର୍ଥବୋଧ
ପାଇଁ! ମୃତ୍ୟୁ ଏକ ନୂତନ ଚେତନାର
ବିଭୂତି, ଏକ ଆଲୋକିତ
ଅଦୃଶ୍ୟ ବଳୟ ଯାହା ପ୍ରତିଟି
ଜୀବନକୁ ଥରକ ପାଇଁ ସ୍ପର୍ଶ କରେ
ବିନା ଖୋଜାଲୋଡ଼ାରେ, ଅଲକ୍ଷ୍ୟରେ ॥

ପ୍ରତି ପଲକରେ କୃଷ୍ଣନୀଳ ମେଘ
ଖଂଡ଼ ପରି ଭାସି ଯାଉଛି ଉଦାସ
ଉଦାସ ମୁହଁ, ସେ ମୁହଁ କାହାର ?
ସେ ମୁହଁ କି ମୋ ପ୍ରିୟତମ
ଶତ୍ରୁମାନଂକର ? ସର୍ବନାଶର ବଡ଼ବାଗ୍ନିରେ
ବିବର୍ଣ୍ଣ ମୁଲାୟମ୍ ହୃଦୟ;
ଅବଧାରିତ ଭାଗ୍ୟରେଖା ପରି ସ୍ପଷ୍ଟ
ଉଜ୍ଜ୍ୱଳ ମାନଚିତ୍ର
ଭାଗ୍ୟ ଓ ଭବିତବ୍ୟ ଅପ୍ରତିହତ ॥

ମର ଦେହର ସଂସ୍କାର ପାଇଁ
ସାମାଜିକ ବିଧିବିଧାନର ଯେତେସବୁ
ଅନୁଶାସନ ଅର୍ଥହୀନ
ଇଚ୍ଛାମୃତ୍ୟୁର ନିଃସର୍ତ୍ତ ବରଦାନ
କୋମଳ ସହାବସ୍ଥାନ ॥

ଘଟୁଥିବା ଘଟଣାବଳୀର ମୁଁ ନିରବ
ମୂକସାକ୍ଷୀ, ଚୁପ୍‌ଚାପ୍ ଦେଖିଯିବା
ଛଡ଼ା ଅନ୍ୟ ଗତି ନାହିଁ, ମୋ ଭିତରେ
ବାହାରେ ଅହର୍ନିଶ ଜ୍ୱଳନ
ଅପମାନର ଅଗ୍ନିରେ ଭସ୍ମୀଭୂତ ଉଗ୍ର
ଅହଂକାରୀ ଜିଦିଖୋର ମନ
ଦିନୁଦିନ କ୍ରୋଧରେ ଉଛନ୍ନ ॥

ଜୀବନ ଯୁଦ୍ଧରେ ଜିଣିବା ହାରିବା
ବଡ଼ କଥା ନୁହେଁ, ଜିଣିବାକୁ ହେଲେ
ବେଳେବେଳେ ହାରିବାକୁ ହୁଏ
ଇତରଲୋକଂକ ପାଖେ,
ଦୂରେଇ ଯିବାକୁ ହୁଏ ନିଜ ଭାଗ୍ୟ
ଠାରୁ, ନିଜର ପୌରୁଷଠାରୁ
ବାଧ୍ୟବାଧକତାରେ, ଆଶାତୀତ ଆଶଂକାରେ
ଭୟଭୀତ ହୋଇ ଆତ୍ମରକ୍ଷାର ସହଜ
ଉପାୟମାନ ଖୋଜିବାକୁ ହୁଏ
ଉଦାସ ମନରେ ॥

ପ୍ରତି କ୍ଷଣରେ ମୁଁ ଅନୁଭବୁଛି, ଥରକୁ
ଥର ବୁଲା କୁକୁର ପରି ଆଘାତ ପାଇବାକୁ ହିଁ
ଯେମିତି ମୋର ଜନ୍ମ
ମୋର ଐକାଂତିକ ଦୀପ୍ତି, ସର୍ଜନାତ୍ମକ
ପ୍ରଚଂଡ଼ ସ୍ୱାଭିମାନ, କଳାତ୍ମକ ଅଭିବ୍ୟକ୍ତି
ସବୁ କିଛି ଅସାର ଓ ଅର୍ଥହୀନ ॥

■

ହାତରେ ମୋର ଅପମାନର ବିଷ
ପାତ୍ର, ଅଂଗ ଅଂଗରେ ନୀଳ ନୀଳ
ଯଂତ୍ରଣା, ପଶ୍ଚିମାସାରେ ଅସ୍ତମିତ
ଆଶାର ସୂର୍ଯ୍ୟ, ମୋ ନିଷ୍ଠା ଓ
ଏକାଗ୍ରତା ଉପରେ ତଥାପି ଅଖଂଡ଼
ବିଶ୍ୱାସ ମୋର ॥

ସ୍ୱାର୍ଥସିଦ୍ଧି ପାଇଁ ନ୍ୟାୟର ପରିଭାଷାକୁ
ହଜାରବାର ବଦଳାଇଲେ ବି ଦୁଃଖ
ନାହିଁ, ଯାହା ହେବାର କଥା ହେବ
ପ୍ରତିବାଦ କରିବାର ଶକ୍ତି ନଥିବ,
ଏ ଜୀବନ ବଂଚୁ ବଂଚୁ
ମଝିବାଟରେ ରକ୍‌କିନା ରହିଯିବ
ଯେ ଯିବ, ଯେତେ ବାଡ଼େଇ
କଗେଡ଼ି ହେଲେ କିଛି ଆଉ
ଫେରା ନ ଥିବ ॥

କ୍ଷଣକ୍ଷଣକରେ ମୁଁ ଅନୁଭବୁଛି
ସଂସାର ଯାକର ଦୁଃଖ ଭୋଗିବାକୁ
ଯେମିତି ମୋର ଜନ୍ମ,
ମୁଁ ବଂଚି ରହିଛି ଅନାବନା, ଅଲୋଡ଼ା
ଲତା ପରି ଅଦରକାରୀ ଭାବେ
ଥିର ପାଣି ତଳେ ଅହରହ ମୃଦୁ କଂପନ

ନିଭା ଦୀପଶିଖା ପରି ଅଥର୍ବ ଜୀବନ
ଚର୍ମ ଆବରଣ ତଳେ ଦୁର୍ଦ୍ଧର୍ଷ ବ୍ୟାଧିର
ସମୁଦ୍ର, ଅସ୍ଥିର ଉଦ୍‌ବେଳ
ଦିନୁଦିନ ମୋର ଦୁଃଖ ଅପ୍ରବଳ ॥

କେଉଁ ଅଭାବନୀୟ ଘଟଣାରେ ଦହଗଂଜ
ପ୍ରାଣ ଝଲମଲ ହେଉଅଛି ମାୟାବିଂବ
ପରି ବିନାଶ ବୃକ୍ଷରେ
ଯୋଗସ୍ଥ ମୁଦ୍ରାରେ ବସି
ନିଜକୁ ନିଜେ ପ୍ରବୋଧୁଛି ପ୍ରତି
ମୁହୂର୍ତ୍ତରେ ଯେ,
ଏ ପୃଥିବୀ,
ଏ ପ୍ରାଣମୟ ପିଂଡ଼
ଭୋଗ ଆଉ ବୈରାଗ୍ୟର ନିତ୍ୟ
ପୁଣ୍ୟ ତୀର୍ଥ, ଜନ୍ମ-ମୃତ୍ୟୁର ମଝିରେ
ଜୀବନ ଜଗତ ॥

■

ଦିନେ ନାଁ ଦିନେ
ସହଜ ସରଳ ଭାବେ
ଜୀବନ ପ୍ରଶ୍ନ କରିବ
ଅସତର୍କ ମୁହୂର୍ତ୍ତରେ,
କେଉଁ ସଂଭାବନାମୟ
ପ୍ରାପ୍ତି ଆଶାରେ ବିଶ୍ୱାସଘାତକତାର
ଶତରଂଜ ଖେଳ ଚାଲିଥିବ
ଅଦୃଶ୍ୟ ମଂଚରେ ?
ସବୁ ପ୍ରଶ୍ନର ସହଜ ସରଳ
ଉତ୍ତର ଠିକଣା ବେଳରେ ମନକୁ ଆସେନା
ବୁଝା-ଅବୁଝାମଣାର ମନ ଏକ ସମନ୍ୱିତ
ଉପବନ, ଆମ ନିୟତି ଆମକୁ ଯେମିତି
ଗଢ଼ିଛି ସେଇ ମଂଚେ ବଂଚିବାକୁ ହେବ
କାହା ଉପରେ ଅଧିକାର ସାବ୍ୟସ୍ତର
ପ୍ରଶ୍ନ ନ ଥିବ ।

ପ୍ରିୟତମ ବଂଧୁ
ପ୍ରାଣପ୍ରିୟା ପ୍ରିୟତମା
ସ୍ନେହମୟୀ ଜନନୀ
ରକ୍ତ ସଂପର୍କୀୟ ଅପତ୍ୟବର୍ଗ
ନିଜର ପୋଡ଼ା କପାଳ ବା'
ଅଂଧ ଅଦୃଶ୍ୟ ନିୟତି
କାହା ଉପରେ ଅଧିକାର ନଥିବ ॥

ଘନ ଘୋର ଶବ୍ଦ ଗହଳିରେ ବାଟ
ହୁଡ଼ି ଉଡୁଥିବା ପକ୍ଷୀଶାବକ ମୁଁ,
ମୁଁ ତ ନିଜେ ଶବ୍ଦ, ଶବ୍ଦର
ଅଂଶବିଶେଷ, ଅହଂକାରର କାରାଗାରରେ
ପଣବଂଦୀ ମୋର ବିବେକ,
ଉତ୍ସର୍ଗୀକୃତ ମହାନୁଭବତା
ବୌଦ୍ଧିକ ସାଧୁତା, ଆଦର୍ଶଗତ ଅଖଂଡ଼ତା
ଓ ଅସଂଲଗ୍ନ ବାଧ୍ୟବାଧକତାରେ ଜଡ଼
ଶରୀର ନିଃଶେଷ
ଉପେକ୍ଷିତ କବିର ଭାଗ୍ୟରେ
କାଳ-ଭୈରବୀର କ୍ରୁର ଉପହାସ ॥

ମହାଦୁଃଖରୁ ପରିତ୍ରାଣ ନାହିଁ
ଭୟାନକ ପ୍ରମାଦରୁ ନିବୃତ୍ତି ନାହିଁ
ସ୍ୱତଃସ୍ଫୂର୍ତ୍ତ ବିଶୁଦ୍ଧଭାବ ନାହିଁ
ନୈତିକ ଅରାଜକତାର ଶେଷ ନାହିଁ
ନିସ୍ତାର ନାହିଁ କି ନିର୍ବାଣ ନାହିଁ,
କାହିଁ ସେଇ ଚିରଂତନ ଶାଶ୍ୱତ ସମନ୍ୱୟ
ମୈତ୍ରୀ ଓ ପ୍ରେମର ଅନନ୍ୟ ପ୍ରତୀକ
ଭାବେ ଯାହା ଚରାଚର ବିଶ୍ୱରେ
ଚିରଦିନ ସୁବିଦିତ ॥

■

ଇତିହାସର ସଂଧିକ୍ଷଣରେ ମୁଁ ଏତେ
କ୍ଳାଂତ ଏତେ ଅବଶ ଯେ' ଜନ୍ମ
ଜନ୍ମାଂତରର କଥା ଭାବିବାକୁ ସମୟ ନାହିଁ,
ବିଷାଦିତ ଜୀବନର ଅଡୁଆ ଫାଶରୁ
ମୁକୁଳି ଯିବାର ମାର୍ଗ ଜଣାନାହିଁ
କ୍ଷମତାସୀନ ଦୁଶ୍ଚରିତ୍ର ଦୁର୍ନୀତିଗ୍ରସ୍ତ
ବିଭାଗୀୟ ଶାସକ ଓ ମଦୋଦ୍ଧତ
ଅହଂକାରୀ ନୀତିହୀନ ମାଲିକର
କୂଟକପଟର ଅଂତ ନାହିଁ, ଦୁର୍ଲଭ
ଆରୋଗ୍ୟମାଳା ହାତମୁଠାରେ ନାହିଁ
ଘଟିଯାଉଥିବା ଘଟଣା ସହ ମୋ
ରହିଁବା ଓ ନରହିଁବାର
କୌଣସି ପ୍ରତ୍ୟକ୍ଷ ସଂପର୍କ ବି ନାହିଁ ॥

ଅଂଗ ଅଂଗରେ ମୋର ଶ୍ୟାମ ନୀଳ
ଯଂତ୍ରଣା, ମଧୁର ମଧୁର ପ୍ରେମରେ
ଚଳଚଂଚଳ ଜୀବନ,
ମତେ ଲାଗୁଛି ଯେମିତି ପ୍ରତି କ୍ଷଣରେ
ଘାଂଟି ବିଦାରି ହେବାକୁ ହିଁ ମୋର ଜନ୍ମ
ଅବୋଧ୍ୟ କବିତା ପରି ମୁଁ ଅବୁଝା ରହି
ଯିବି ସମସ୍ତଂକ ପାଇଁ
ଏହାହିଁ ମୋର ଦାରୁଣ ଦୁର୍ଭାଗ୍ୟ ॥

ବୁଝାମଣାର ସବୁ ରାସ୍ତା ଗୋଟିକ ପରେ
ଗୋଟିଏ ବଂଦ ହେବାରେ ଲାଗିଛି,
ଅନୁଭବି ଆଖି ମୋର ପ୍ରତି ଲଗ୍ନରେ
ଅଶୁଭ ଶକୁନ ଦେଖୁଛି,
କେତେଦିନ, ବିଷାଦ ଓ ବ୍ୟର୍ଥତାର ମୋହିନୀ
ମଂତ୍ରକୁ ଜପୁଥିବ ମର ପୃଥିବୀରେ
କେତେଦିନ, ଅପମାନର ମଂଦାର ମାଳକୁ
ଗଳାରେ ଲଂବାଇ ଚୁପ୍‌ଚାପ୍ ଦେଖୁଥିବି
ଗଗନ ପବନ, ସୂର୍ଯ୍ୟ ଚଂଦ୍ର, ଇଂଦ୍ର ବରୁଣ
ଓ ସକଳ ଦେବଦେବୀଂକୁ ସାକ୍ଷୀ ରଖି,
ଘିଅର ପୋଷାକ ପିଂଧି ଜୁଇର ଶେଯରେ
ହୁତ୍ ହୁତ୍ ଜଳୁଥିବି ଜୀବନ-ଯଜ୍ଞରେ,
କେତେଦିନ, କେତେଦିନ !

ଅର୍ଜିତ ପୁଣ୍ୟବଳ ଯୋଗୁଁ ମୁଁ ମରିନାହିଁ
ନିଜକୁ ନିଜେ ବୁଝେଇ ପାରୁନି
ଇଚ୍ଛା-ମୃତ୍ୟୁର ବରଦାନ ସତେକି ମୋ ସ୍ଥିରୀକୃତ
ନିୟତି ! ଅକାରଣେ ଆୟୁ ମୋର ଦିନୁଦିନ
ଦୀର୍ଘ ହେଉଅଛି ଏବଂ ମୁଁ କ୍ଷଣକ୍ଷଣକରେ
ଶୋକ ପାଳନ କରୁଛି ଏଇ ଜୀବନର,
ବିଷାଦଯୋଗର ମୁଁ କି ସତୁସତ ଏକ
ମୂର୍ତ୍ତିମଂତ ଅବତାର ॥

ବେଳେ ବେଳେ କାହିଁକି ଏମିତି
ଲାଗେ, ବିନା କାରଣରେ ନିଜ ଛାଇ
ଦେଖି ଭାରି ଡରଲାଗେ, ବିଷୟାବାସରେ
ଆଉ ମନ ବଳେ ନାହିଁ, ମନ ହୁଏ
ଅଣାୟତ୍ତ କାହିଁକି କେଜାଣି କିଛି
ବୁଝା ପଡ଼େ ନାହିଁ,
ଏ ଜୀବନ
ଏ ଜୀବନକୁ
ଧରିବାଂଧି ରଖିଥିବା ମୃଣ୍ମୟ ଜଗତକୁ
ମୋର ବୋଲି କହିବାକୁ ମନ ବଳେ ନାହିଁ ॥

ଝଡ଼ ବତାସରେ ଫମ୍ପସା ସଜନା ଡାଳ
ପରି ମଡ଼ମଡ଼ ଭାଂଗିଗଲେ ଯିବି ପଛେ
ନଇଁବିନି, ଅସୀମ ନୀରବତାରେ ଆଦ୍ୟ
ଆଷାଢ଼ର ଭାରି ଜଳବିଂଦୁ ପରି ଝରି
ଯିବି ପଛେ ସମର୍ପି ଦେବିନି ନିଃସର୍ତ୍ତରେ
ନିଜ ସତ୍ତା, ନିଜ ପୌରୁଷକୁ ॥

ଦୀର୍ଘ କାଳ ଧରି
ଅଂଗେ ଅଂଗେ ଅନୁଭବି ଥିବା ମାରାତ୍ମକ
ଆଘାତର ଅଭିଜ୍ଞତାରୁ ମୁଁ ଜାଣେ
ମୋ ଅନୁପସ୍ଥିତିରେ ଚିତାଭସ୍ମରୁ ମୋର
ପୁଣି ଏକ ନୂଆ ଜୀବନ ରକ୍ତ ନାଡ଼

କାଟି ଅଭିଶପ୍ତ ଜରାୟୁରୁ ଜନ୍ମ ନେବ
ଥୁଂଟାଗଛରେ ପୁଣି ଅସମୟରେ ନୂଆ
ନୂଆ ପତ୍ର କଅଁଳିବ, ପୁଣି ପତ୍ର, କଢ଼
ଓ ଫୁଲରୁ ମହମହ ବାସ ଛୁଟିବ
ଉଚ୍ଚାଟ ପବନ ବହିବ, ଝଡ଼ର ଡେଣାରେ
ସାହାନାଇ ବାଜିବ, ନୀଳାଭ ଆକାଶ
ବେଳୁବେଳ ଗାଢ଼ ନୀଳ ଦିଶିବ,
ନାନାଜାତି ପ୍ରଜାପତି ଓ ମିଚିମିଚି କଳା
ଭଅଁରଂକ ଗୁଣୁଗୁଣୁ ଗୀତରେ ଲହରୀ
ଉଠିବ, ନୂଆ ଜୀବନଟିଏ
ରକ୍ତ ନାଡ଼ କାଟି, ସ୍ନାୟୁ ଓ
ଜରାୟୁ ଚିରି ଅକ୍ଷତ ଯୋନିରୁ ଅଙ୍ଗନକ
ଜନ୍ମ ନେବ, ମାଟିରେ ତାର କୁନି କୁନି
ନରମ ପାଦ ରଖିବ ॥

■

ମୁଁ ଜାଣେ, ଜାଣେ
ଲକ୍ଷ ଲକ୍ଷ ଆହ୍ୱାନର କୌଣସି ନିର୍ଦ୍ଦିଷ୍ଟ
ବିକଳ୍ପ ନାହିଁ ଏଠାରେ,
ଅନଂତ ଜିଜ୍ଞାସାର କୌଣସି
ସଠିକ୍ ଉତ୍ତର ନାହିଁ ଏଠାରେ,
ମୋର ବ୍ୟର୍ଥତା, ବିଫଳତା, ମଧୁର ଦୁର୍ବଳ
ପ୍ରେମ, ରହସ୍ୟମୟ ଶୂନ୍ୟତା ଓ ଅବ୍ୟକ୍ତ
ଅସ୍ଥିରତା ଅର୍ଥହୀନ, ମୁଁ ଜାଣେ ଜାଣେ ।।

ଭାବୋଚ୍ଛ୍ୱାସର ପୁନଃରୁକ୍ତିରେ ଭରପୂର
ଏଇ ଶାଂତ କୋମଳ ଜୀବନ ବୃକ୍ଷର
ପ୍ରତି ଶାଖା ପ୍ରଶାଖାରେ ନିତ୍ୟ ଗୁଂଜରିତ
ଅଭିଶପ୍ତ ପକ୍ଷୀଟିଏ ଯା'ର
ସୁନେଲୀ ଡେଣାରେ ଉଡ଼ିଯିବା ପାଇଁ
ଅପର୍ଯ୍ୟାପ୍ତ ଶକ୍ତି, ଅଥଚ ଦୈବୀ
ଅଭିସଂପାତରେ ଅଚେନକ ଡେଣା ଛିନ୍ନ,
ଆକାଶ ବତାସ ବିଦୀର୍ଣ୍ଣ
ବିରୋଧାଭାସର ମୂର୍ତ୍ତିମଂତ ଉପବନ
ସଂପୂର୍ଣ୍ଣ ଜୀବନ ଆୟସ ସାଧ୍ୟ, ଭାଗ୍ୟ
ଓ ଭବିତବ୍ୟ ଦୃଢ଼ନିଶ୍ଚିତ ।।

ମୋ ଅଦୃଷ୍ଟ ମତେ ଯେମିତି ଗଢ଼ିଛି
ସେଇମିତି ବଂଚିବାକୁ ହେବ, ଈଶ୍ୱରଂକ

ଆଶୀର୍ବାଦ ବା' ଅଭିଶାପ ନିଷ୍ଫଳ ନହେବ,
ପାପ ପୁଣ୍ୟର ମଝିରେ ମୋର ଅସହାୟ
ସ୍ଥିତି, ଅନତିକ୍ରମ୍ୟ ମୋ ନିୟତି ॥

କେତେ କ୍ଳାଂତ, କେତେ ଦୁର୍ବଳ ଏଇ
ଅସହାୟ ମଣିଷ !
ତା'ର ଦୁର୍ବାର ମୋହଗ୍ରସ୍ତ ମନ
ପୁଂଜୀଭୂତ ଗ୍ଲାନି, ନିଶ୍ଚଳା-ଅଚଳା ଚିତ୍ତ,
ଆଶ୍ଚର୍ଯ୍ୟମୟ ଜନ୍ମବୃତ୍ତାଂତ
ଯଦିଓ ସେ ଭଲକରି ଜାଣେ, ତାର
ଯାତ୍ରାପଥ ଜନ୍ମ ଲଗ୍ନର ମାଂଗଳିକ
ମୁହୂର୍ତ୍ତରୁ ଅନିର୍ଦ୍ଦିଷ୍ଟ, ଅନାଦି ଅନଂତ ॥

ମର ଶରୀରର ବିଲୁପ୍ତି ପରେ ବି ଏ ଯାତ୍ରାର
ଶେଷ ନାହିଁ, କି ଆରଂଭ ନାହିଁ, ଜନ୍ମ-ମୃତ୍ୟୁର
ଊର୍ଦ୍ଧ୍ୱକୁ ମର ମଣିଷର ଯାତ୍ରା, ମଣିଷ ନିଜେ
ନିଜର ସୃଜନ ଓ ବିଲୋପନ
ଆରଂଭର ଆରଂଭ ଓ ଶେଷର
ଶେଷ, ମୃତ୍ୟୁ ଲୋକରେ ଏତିକି ହିଁ ଦୃଢ଼-ନିଶ୍ଚିତ ॥

କାହାପାଇଁ ଶୋକ ପାଳନ, କାହାର
ସୃଷ୍ଟି, କାହାର ବିନାଶ ? ?
ପରାଜୟରେ କିଏ କାହାର ପ୍ରିୟ, କିଏ
ପରାଜିତ ? ନା କେହି ଆଜନ୍ମୁ
ଅଜାତଶତ୍ରୁ, ନା କେହି ଆଜନ୍ମୁଁ ଘନିଷ୍ଠ ॥

ସବୁ ପ୍ରଶ୍ନର ସହଜ ସରଳ ଉତ୍ତର
ନଥାଏ, ସବୁ ପ୍ରଶ୍ନ ପ୍ରଶ୍ନବି ତ ନୁହେଁ
ନିଜ ବିଶ୍ୱାସରେ ଅଚଳ, ଅଟଳ, ମୁଁ ତ
ନିଜ ପ୍ରଶ୍ନ, ପ୍ରଶ୍ନର ଉତ୍ତର ॥

ବିତିଯାଉଥିବା ଶତାବ୍ଦୀର ନୀରବ ମୂକସାକ୍ଷୀ
ମୁଁ, ଅନଂତ ଅଜ୍ଞାତବାସର ନିଃସଂଗ
ଯାତ୍ରୀଟିଏ ମୁଁ, ଅରଣ୍ୟରୁ ଗୁଂଜରୁଥିବା ପବିତ୍ର
ବେଦଧ୍ୱନି ମୁଁ,
ଗୋଟିଏ ଜନ୍ମର ପ୍ରତୀକ୍ଷାରେ ନଇଁଯିବିନି
ନହନହକା ଯାଉଁଳି ବେତ ପରି, ବିଂଦୁଏ
ଆଲୋକ ପାଇଁ, କ୍ଷଣକର ସୁଖ ପାଇଁ
ବଂଚି ରହିବାକୁ ହେବ
ଏକାଏକା ଅନଂତକାଳ ॥

କେଡ଼େ ମଂଦ ଭାଗ୍ୟ ମୋର !
ଅବଶିଷ୍ଟ ଜୀବନ ବଂଚିବା ପାଇଁ ବୁଦ୍ଧି

ଦିଶୁ ନାହିଁ, ସୁଅ ମୁହଁରେ ଭାସିଗଲାବେଳେ
ରାହା ସାହା କିଛି ନାହିଁ,
ବିଷାଦର ଶ୍ରାବଣ ଅବାରିତ ଝରଝର
ଆଖିରୁ ବର୍ଷୁଛି, କାଳର ଅଦୃଶ୍ୟ ହାତ
ଧୀରେ ଧୀରେ କଳାଛାଇ ପରି ମୋ
ଆଡ଼କୁ ଲଂବି ଆସୁଅଛି ॥

ଦୁଷ୍ଟ ଗ୍ରହର ପ୍ରକୋପେ ଘାଂଟି ବିଦାରି
ହୋଇ କେତେ ଦିନ ପଚିସଢ଼ି ଯାଉଥିବି
ଡହକ ନର୍କରେ, ବିନା କାରଣରେ
ଅପମାନିତ ହେଉଥିବି ଥରକୁ ଥର ଏଇ
ଜୀବନର ବିକ୍ଷୁବ୍ଧ ବିଶ୍ୱରେ, ଅନ୍ୟାୟର
ଅନୁଶୋଚନାରେ, ଅପଯଶର କଂଟକିତ
ମୁକୁଟରେ ସାରା ଅଂଗ କ୍ଷତବିକ୍ଷତ,
ମୋର ଅହଂକାରୀ ପୌରୁଷ ତଥାପି
ଅନୁଗୃହୀତ ନୁହେଁ
ନା ଭାଗ୍ୟ ପାଖେ
ନା ଈଶ୍ୱରଂକ ପାଖେ ॥

ମୋର ଚରମ ଦୁର୍ଭାଗ୍ୟ ଯେ ସବୁ
ଅଘଟଣ କଥା ମୋ ଆଖି ସାମନାରେ
ଘଟୁଛି, ଦୁର୍ଭାଗ୍ୟ ଏକ ଅତିକାୟ ଭୟର
ଛାଇ ପରି ମୋର ପଛେ ପଛେ ଲାଗି ରହିଛି
କାକୁସ୍ଥ ଆର୍ତ୍ତିଟି ପରି ମୁଁ ବିଲ୍‌କୁଲ୍
ନିରୁପାୟ, ବୁଦ୍ଧି-ଜ୍ଞାନ-ଶୂନ୍ୟ,
ବିକଟାଳ ଆକୃତିର ମୁଖାପିଂଧା ସୋଦରଂକ
କପଟପାଶାରେ ସବୁ ଆଶା କ୍ଷୀଣ ଓ ମଳିନ ॥

ସ୍ୱାର୍ଥସିଦ୍ଧି ପାଇଁ ଅସୂୟା-ଅନଳେ ଛଟପଟ
ହୋଇ ଅଂଧ ଧୃତରାଷ୍ଟ୍ର ପରି ହୁଲ୍‌ସ୍ଥୁଲ୍
କରୁଛଂତି, ସ୍ୱପ୍ନବାଦୀ କବିଟିର ପଦ୍ମବନ
ମାଟି ଓ ଆକାଶ ଯେଉଁମାନେ, ସେମାନେ
ଜାଣଂତି ନାହିଁ କବିର ଆକାଶ ଏକ ଶାଂତ
କାଂତ ନିଟୋଳ ନିଧୁବନ, କବିର ଲେଖନୀ
ଏକ ଅପରୂପ ସୃଷ୍ଟିପ୍ରଭା ଧ୍ୱଂସ ଓ ପ୍ରଳୟର
ମଂତ୍ରସିଦ୍ଧ ପାଶୁପତ, କବିର ଶବ୍ଦବ୍ରହ୍ମ
ଦୀପ୍ତିମଂତ ଦୁର୍ଲ୍ଲଭ ପାରିଜାତ
ନଂଦନ ବନର, ଶବ୍ଦ ତାଂଡ଼ବରେ କବି ନିଜେ
ମତ୍ତ ବାଜିକର ॥

ମୋ ଲେଖନୀ ଉପରେ ଅଟଳ ବିଶ୍ୱାସ
ମୋର, ମାରାତ୍ମକ ଆଘାତର ଆନଂଦରେ

ମୁଁ ସ୍ଥିର, ଅବିଚଳିତ
ଆକାଶପରି ତ୍ରିକାଳ ସଂଧ୍ୟାରେ, ଘୋର
ଦୁର୍ଦ୍ଦିନରେ ସଂଗରହିତ;

ନିର୍ବିକାର ନୀରବତାରୁ
ନିଃଶବ୍ଦ ନିଶ୍ଚେତନତାରୁ
ଜନ୍ମନେବ ଅନନ୍ୟ ଭ୍ରୂଣଟିଏ ଯା'ର
ପ୍ରଚଂଡ଼ ଆଘାତରେ ଛିନ୍‌ଭିନ୍ ହେବ
କୁଚକ୍ରୀଂକ କପଟ ମଧୁବନ
ପ୍ରମତ୍ତ ପଶାସକର ଷଡ଼ଯନ୍ତ୍ରରେ
ସୁରମ୍ୟ ହର୍ମ୍ୟ ॥

■

ମୃତ୍ୟୁମୟ ଏଇ ସଂସାର ପଥ
ସମୟ ଅସମୟ
ବ୍ୟର୍ଥତାର କାହାଣୀମାଳାରେ ପରିପୂର୍ଣ୍ଣ
ବିଶ୍ୱ, ଯେଉଁଠି ମୃତ୍ୟୁ ସୌଂଦର୍ଯ୍ୟର
ଲୋଭନୀୟ ହସ୍ତାକ୍ଷର, ମୃତ୍ୟୁ ଜୀବନର
ଯୋଗ୍ୟ ଉତ୍ତରାଧିକାର ॥

ପାହାଡ଼ ସେପାଖ ସିଜୁ ବଣରେ ବୁଡ଼ି
ଯାଉଥିବା ସୂର୍ଯ୍ୟପରି ମୁଁ ନଜରବଂଦୀ
ଘମାଘୋଟ ଜୀବନର ମଧୁଶାଳାରେ
ଜୀବନ ପାତ୍ର ମୋର ଶୂନ୍ୟ
ସଦ୍ୟ ବିଧବାଟି ପରି ବିଶାଳ ବିମୂଢ଼
ଜଗତ ଶ୍ରୀହୀନ, ପାନ୍ଥଶାଳାର ପଥିକ
ମୁଁ ହତଭଂବ, କିଂକର୍ତ୍ତବ୍ୟହୀନ ॥

ଟାଂଗରା ମୁଂଡ଼ିଆ ପରେ ନଂଢ଼ାଗଛ
ପରି ମୋର ଅସହାୟ ସ୍ଥିତି
ମୁଁ ଯେମିତି ଏକ ଗୈରିକ ସନ୍ନ୍ୟାସୀ
ଛାୟା ନାହିଁ, ଅଲୋକ ନାହିଁ କ୍ରିୟା
ପ୍ରତିକ୍ରିୟା ନାହିଁ, ମୋର ପୁଣି ଗୋଟେ
ଭଲମଂଦ ମାନ ଅଭିମାନ କ'ଣ ?
ରାଗରୋଷ, ଅଳି ଅର୍ଦ୍ଦଳି କ'ଣ ?
ବିଜୟର ଆଶୀର୍ବାଦ, ପରାଜୟର

ଗ୍ଲାନି କ'ଣ ?
ରକ୍ତର ଗଂଗାରେ କ୍ଷଣ କ୍ଷଣ ମୋର
ଅବଗାହନ, ଅଭିଶପ୍ତ ଶତାବ୍ଦୀର ମୁଁ
ମହାମତ୍ତ ମାନୀ ଦୁର୍ଯ୍ୟୋଧନ ॥

ବୁଝାମଣାର ପ୍ରତ୍ୟେକ ରାସ୍ତାରେ ନିଷେଧାସର
ନିର୍ମମ ଫଳକ, କଂଟକିତ ଚଲାପଥ,
ରତରତ ବେଳ
ଅନୁଭବୀ ଆଖିରେ ମୋ ଘନୀଭୂତ ମାୟାର
ପଟଳ, ଶାଂତିର କପୋତ ବ୍ୟାଧର
ବାଣରେ ଶରାଘାତ, ରକ୍ତାକ୍ତ ଓ ଏବେ
ମୃତ୍ୟୁର ଅବଶେଷ ॥

ପ୍ରତିଦିନ, ପ୍ରତି ରାତିରେ
ହଜାରବାର ମରୁଛି, ଜନ୍ମୁଛି
ବ୍ୟର୍ଥତାର ଚୌହଦୀରେ ପଳ ପଳ
ନିଃଶେଷ ହେଉଛି, ଭାଗ୍ୟକୁ ସ୍ୱୀକାର
କରି ପ୍ରଣାମ କରୁଛି ନତଜାନୁ ହୋଇ
ଏକା ଏକା ଏଇ ଜନ୍ମ ପାଇଁ ॥

ଦିନେ। ନା ଦିନେ
ଭଲରେ ହେଉ ବା' ମଂଦରେ ହେଉ
କୂଟକପଟର ଛଳ ଭେଦି ସପ୍ତରଥୀ
ନାଶ ଯିବେ ଶବ୍ଦର ଅସ୍ତ୍ରରେ, ପ୍ରତି ଶବ୍ଦ
କୋମଳ କଠିନ ମହୀ ମଂଡ଼ଳରେ ପ୍ରତି
ଶବ୍ଦର ଏକ ଅନନ୍ୟ ରୂପ ଅଛି, ଅପରୂପ
ମାଧୁର୍ଯ୍ୟ ଅଛି, ରହସ୍ୟରେ ଘନୀଭୂତ
ନକ୍ଷତ୍ରର ଦ୍ୟୁତିରେ ଦ୍ୟୁତିମୟ ଶବ୍ଦସବୁ
ଏ ଭବଲୋକର ॥

ଏ ଭବଲୋକରେ ଅନସ୍ୱୀକୃତ ଭାବେ
ମୁଁ ବଂଚି ରହିଛି ବର୍ଷ ବର୍ଷ ଧରି
ଚଉରାଳିଶ ବର୍ଷର ଦୁଃଖଦ ଅନୁଭୂତିରୁ
ଜାଣିଛି ମୁଁ ଏ ଜୀବନ ମର୍ତ୍ତ୍ୟମଂଡ଼ଳରେ
ଏକ ଅପରୂପ ପାଂଥଶାଳା
ପଥଚଲା ପଥିକ ମୁଁ ଆଜି ଏଠି
କିଏ ଜାଣେ, କାଲିକୁ କୋଉଠି ଥିବି
ବା' ନଥିବି, ବହୁ ଗୋପନୀୟ
ଯଂତ୍ରଣାର ସ୍କାଇଲାବ୍ ମହାଶୂନ୍ୟ
ଖଂଡ଼ ଖଂଡ଼ ଖସିପଡୁଅଛି ମୋ
ଉପରେ, ଚିର ମୃତ୍ୟୁମୟ ଏଇ ସଂସାରରେ ॥

ମହାମାନ୍ୟ ଅତିଥିଂକ ପରି ମୃତ୍ୟୁ
ଆସିବ ବୋଲି ତ ଅଗୁରୁ ଚଂଦନ ନାଇ
ଶ୍ରୀଅଂଗରେ ସଜବାଜ ହୋଇ ବସି
ଅଛି ମୁଁ ବରବେଶରେ,
ବିଜୟରେ ପରାଜୟ
ପରାଜୟରେ ବିଜୟ ହିଁ
ମୋ ଭାଗ୍ୟ ଲିଖନ, ନା ମୁଁ ସୁଖର
ଅଧୀନ, ନା ମୁଁ ଦୁଃଖର କ୍ରୀତଦାସ
ମୋ ମନ ଓ ହୃଦୟ ସାକ୍ଷାତ୍ ଏକ
ଶୋକଭବନ, ଯେଉଁଠାରେ ଅବିରତ
ବହୁଅଛି ଝାଇଁ ଝାଇଁ ପଶ୍ଚିମା ପବନ ॥

ବର୍ଷଣ ମୁଖର ଦୁର୍ବୋଧ୍ୟ ଆକାଶ
ପରି ମୋର ଭାଗ୍ୟ, ଭବିଷ୍ୟତ
ରହସ୍ୟାବୃତ୍ତ, ଅନିବାର୍ଯ୍ୟ ନିୟତିର
ଉଦଗ୍ର ଇଚ୍ଛାରେ ମୃତ୍ୟୁରେଖାର କରୁଣ
ଗାଢ଼ ଛାପ, ଶ୍ୟାମଳ ଅଂଗରେ ମର୍ଯ୍ୟାଦାର
ସୌଖୀନ ଉତ୍ତରୀୟ,
ଅଣୁରେ ଅଣୁରେ ପ୍ରତିଜ୍ଞାର ସୁବର୍ଣ୍ଣ
କବଚ, ନିରବ ସିଦ୍ଧାଂତର ମହାବାକ୍ୟ
ଓ ନିରାଡ଼ଂବର ନିଷ୍କରୁଣ ଦୁଃସହ ଜଂଜାଳ ॥

■

ମୋର ଶୋକ ଓ ଅଶ୍ରୁରେ ନିହିତ
ନୂତନ ଚେତନାର ବିଭୂତି, ଛିନ୍ନ
ପକ୍ଷ୍ମରେ ଆବୃତ ମଧୁମୟ, ସୁଖଦ
ଜୀବନର ଯାବତୀୟ ସାଂସାରିକ ସଂତାପ
ଆଶଂକା ଓ ଅସହାୟତାରେ ମ୍ରିୟମାଣ
ସଂଦିଗ୍ଧ ପ୍ରାଣ, ଆସୁରିକ ଉଲ୍ଲାସର
ଅଟ୍ଟହାସ୍ୟରେ ପ୍ରକଂପିତ ତ୍ରିଭୁବନ
ଗହୁଁ ଗହୁଁ କାୟା ବିସ୍ତାରି
ମାଡ଼ିଯାଏ ସଚରାଚର ପାପର ଅରଣ୍ୟ ॥

ପାପର ଅରଣ୍ୟରେ ନିପୀଡ଼ିତ, ଆଶଂକା
ଓ ଅନିଶ୍ଚିତତାରେ ଅସ୍ତବ୍ୟସ୍ତ ବ୍ୟଥିତ
ସାମାଜିକ ଜୀବନ
ସ୍ଥିତି ଓ ସ୍ଥିତିହୀନତାର ନିଷ୍ଠୁର ଆହ୍ୱାନ
ଅଂଧ ଅଦୃଷ୍ଟର ଅନୁଶାସନରେ ଆଶାର
ଆଲୋକ କ୍ଷୀଣ, ପରିପୂର୍ଣ୍ଣ ଆନଂଦର
ସଂଭାବନା କ୍ଷୀଣ ॥

ଇତିହାସର ସଂଧିକ୍ଷଣରେ ସ୍ଥିର ଜଳ
ପରି ଯଂତ୍ରଣାଜର୍ଜର ଭାଗ୍ୟ, ଶ୍ରଦ୍ଧାହୀନ
ବିଶୃଂଖଳିତ ଜାଂତବ ଜୀବନ, ଶବ୍ଦର
ନିରର୍ଥକ ଅପପ୍ରୟୋଗ
ଅନନୁଭୂତ ବିଷାଦରେ ଶିହରିତ ଅନୁରକ୍ତ
ଚିତ୍ତ, ଅଂଧ ଭବିଷ୍ୟତ, ଅନିଶ୍ଚିତ ॥

ଉତ୍ତାଳ ଊର୍ମିମାଳାର ଊର୍ଣ୍ଣନାଭରେ ଭାଂଗି
ପଡୁଥିବା ବିଂନ୍ଦୁଏ ଜଳ ମାତ୍ର ମୁଁ।
ମୋର ଭୋଗାୟତନ ମର ଶରୀର
ଜନ୍ମ ମୃତ୍ୟୁ ଜରା ବ୍ୟାଧି ଦୁଃଖ ଓ
ଯଂତ୍ରଣାରେ ପୁନଃ ପୁନଃ ଆକ୍ରାଂତ
ମୃତ୍ୟୁମୟ ଦୁର୍ଲଂଘ ସଂସାର ପଥ ॥

■

ତୁମେ ଆସ
ଧାରା ଶ୍ରାବଣ ପରି ହେ ମହିମମୟ ଭଦ୍ର
ଅତିଥି !
ଭ୍ରୂଭଂଗୀରେ ପ୍ରଳୟର ଘନଘଟା
ଓ ପ୍ରଖର ପାଦରେ ଝଡ଼ର ଝଂକାର
ତୋଳି, ତାଂଡ଼ବ ନୃତ୍ୟରେ ମଦମତ୍ତ
ହୋଇ, ଅହଂକାରର ମୃଗତୃଷ୍ଣାରେ
ବାଟ ହୁଡ଼ି, ପୌରୁଷର ଦୀପ୍ତିରେ ପ୍ରମତ୍ତ
ହୋଇ ତୁମେ ଆସ,
ମୋର ସ୍ପର୍ଦ୍ଧାର ସୁରମ୍ୟ ଅଂଗନକୁ ॥

ଦୁଇପାଦ ଆଗକୁ ଯାଇ ମୁଁ ତୁମକୁ
ବରଣମାଳା ଦେବି, ସଂଖୋଳିବି ପ୍ରୀତିର
ଅର୍ଘ୍ୟରେ, ନିର୍ଭୟରେ;

ତୁମେ ଅନିବାର୍ଯ୍ୟ ସୌଭାଗ୍ୟର ଭବିଷ୍ୟତ
ତୁମେ ଅସୀମ ନୀରବତାର ଉପଲବ୍ଧି
ତୁମେ ଆନଂଦ ଆଶୀର୍ବାଦର ଅଭୟ କବଚ
ବ୍ୟର୍ଥତାର କାହାଣୀ ମାଳାରେ ପରିପୂର୍ଣ୍ଣ
ଏଇ ମଧୁମୟ ବିଶ୍ୱରେ ॥

ମେଘମଲ୍ଲାର ରାଗରେ ବିମଣ୍ଡିତ ତୁମ
ଅନାହତ ରାଗିଣୀ, ତୁମ କରୁଣାର ନିତ୍ୟ

ବାରିଧାରା ଉତ୍ତୁରିଲା ଦୁଧ ହାଂଡ଼ି ପରି
ଉଛୁଳୁଛି ପ୍ରତି ଚେତନାରେ
ଅଜ୍ଞାତ ଆନଂଦରେ ଶିହରିତ
ସ୍ନାୟୁର ସହର ।
ହେ ମହିମମୟ ଭଦ୍ର ଅତିଥି !
ଜନ୍ମ ଜନ୍ମ ପାଇଁ ତୁମେ ସୌଂଦର୍ଯ୍ୟର
ଲୋଭନୀୟ ଗୋଲଗୋଲ ହସ୍ତାକ୍ଷର ॥

ତୁମ ଆସିବାର ବେଳ ଆଖର ହୋଇଲେ
ଜୀବନ ଖସିଯାଏ ଲଂପଟ ନାଗର
ପରି ଋହୁଁ ଋହୁଁ ହାତ ମୁଠାରୁ,
କାମନାର ଯଜ୍ଞବେଦୀରେ ଶେଷଥର
ପାଇ ପୂର୍ଣ୍ଣାହୁତି ପଡ଼େ,
ପଂଚେନ୍ଦ୍ରିୟ ବରଫ ପାଲଟେ
ପବନର ଗୁଡ଼ି ଅଋନକ ନଟେଇର
ସୂତା କାଟି ଆକାଶର ନୀଳିମାରେ
ହଜେ, ସ୍ଥୁଳ ରକ୍ତ ମାଂସର ଶରୀର
ଜଡ଼ ପାଲଟେ, ନିକଟ ଭବିଷ୍ୟର
ବିକଟାଳ ବୀଭତ୍ସ ଦୃଶ୍ୟ ସବୁ ଆଖି
ଆଗରେ ଭୂତ ପରି ନାଚେ
ମୃତ୍ୟୁକୋଳରେ ମୁଂଡ଼ ରଖି ଚିତ୍ ହୋଇ
ଶୋଇଥିବା ମଣିଷ
ଅବିଚଳିତ ଭାବେ ନିଃଶବ୍ଦ ପାଦ ଶବ୍ଦକୁ
କାନ ଡେରିଥାଏ ॥

ମହାଶୂନ୍ୟର ନିରବତାରେ ନିଜକୁ ଖୋଜୁଥିବା
ମଣିଷ ନିଜଠାରୁ ଲୁଚି ଛପି
ଦୌଡ଼ି ପଳାଇ ଯାଏ,
ନିଜ ପାଦ ଶବ୍ଦ ଶୁଣିବାକୁ
ନିଜେ କାନ ଡେରିଥାଏ ॥

■

ନିଜ ପାଦଶବ୍ଦକୁ
କାନ ଡେରି ଥିଲାବେଳେ କେହି ଜଣେ
ନବାଗତ ମୃଣ୍ମୟ ପୁରୁଷ, କେଉଁ
ଅଦୃଶ୍ୟ ଜଗତରୁ, ଅନାବିଷ୍କୃତ ଗ୍ରହରୁ
ଭଲ୍‌କା ପରି ଅଚାନକ ଆସେ ଓ
ମତେ ପରମ କୋମଳ ପ୍ରେମରେ
ଛୁଇଁ ଛୁଇଁ ଯାଏ,
ହସି ହସି ପ୍ରଶ୍ନ ପୁଣି କରେ
କେଉଁ ବର୍ଣ୍ଣାଢ୍ୟ ଭବନକୁ ତୋର
ଯାତ୍ରାରେ ପଥଚାରୀ ?
କେଉଁ ଅପହଂଚ, ଆନଂଦଲୋକକୁ
ତୋର ଯାତ୍ରା !
ତୋର ଗୋଟେ ପୁଣି ଦୁଃଖ କ'ଣ ?
ଜୀବନ ଓ ମରଣରେ ତୁ ପରା
ଶ୍ୟାମ ସମାନ ॥

ଅପଲକ ଆଖିରେ ମନଭରି ତାଂକୁ
ଥରେ ଦେଖିନିଏ
ଓ ଏକ ନିଶ୍ଚିତ ଘଟଣା ପାଇଁ ଶୋକ
ପାଳନ ନିରର୍ଥକ ଭାବି ନିଶ୍ଚୁପ ରହି
ଯାଏ, ରସଘନ ଶବ୍ଦ ସବୁ ରହସ୍ୟମୟ
ହୋଇଉଠେ ନିର୍ଲିପ୍ତ ଦୃଶ୍ୟପଟରେ ॥

BLACK EAGLE BOOKS

www.blackeaglebooks.org
info@blackeaglebooks.org

Black Eagle Books, an independent publisher, was founded as a nonprofit organization in April, 2019. It is our mission to connect and engage the Indian diaspora and the world at large with the best of works of world literature published on a collaborative platform, with special emphasis on foregrounding Contemporary Classics and New Writing.

www.ingramcontent.com/pod-product-compliance
Lightning Source LLC
Chambersburg PA
CBHW021627080526
44585CB00013BA/907
9781645606635